Ferdinand Kittel

Ueber den Ursprung des Lingakultus in Indien

Ferdinand Kittel

Ueber den Ursprung des Lingakultus in Indien

ISBN/EAN: 9783743412279

Hergestellt in Europa, USA, Kanada, Australien, Japan

Cover: Foto ©ninafisch / pixelio.de

Ferdinand Kittel

Ueber den Ursprung des Lingakultus in Indien

Ueber

den Ursprung des Lingakultus

in Indien

von

F. Kittel,

Missionar der Evangelischen Missionsgesellschaft zu Basel.

MANGALORE

BASEL MISSION BOOK & TRACT DEPOSITORY

1876

LONDON
TRÜBNER & Co.

BASEL
MISSIONS-BUCHHANDLUNG

Inhalts-Verzeichniss.

Umschreibung.

Vocale.

a â. i î. u û. ṛi ṛî. ĕ e (lang) ai. ŏ o (lang) au ṁ. ḥ

Consonanten.

1. k kh. g gh. ñ
2. č čh. j jh. ń
3. ṭ ṭh. ḍ ḍh. ṇ
4. t th. d dh. n
5. p ph. b bh. m
6. y. r ṛ. l ḷ ḹ. v
7. ś sh s. h

Über den Ursprung des Liñgakultus in Indien.

1. Gründe für den anârischen Ursprung des Liñgakultus in Indien.

Es scheint, dass sich auf Grund einiger Aufsätze über die vorbrahmanische Religion der Hindus von dem verstorbenen Dr. J. Stevenson[1] die Ansicht verbreitete, dass die Verehrung des Liñga in Indien von den anârischen Urbewohnern daselbst ausgegangen und in den bestehenden Brahmanismus übergegangen sei. Dr. J. Muir sagt,[2] dass Stevenson für diese seine Ansicht folgende Gründe anführe: 1) es besteht keine Verbindung zwischen dem Liñga und den alten brahmanischen Emblemen; 2) die Hauptsitze der Liñgaverehrung finden sich im Süden und Nordosten von Indien, in einer bedeutenden Entfernung von den ursprünglichen brahmanischen Niederlassungen, 3) im Marâṭa (Mahârâshṭra) Lande fungirt kein Brahmane als Priester in einem Liñga-Tempel, wogegen in Vishṇu-Tempeln bloss Brahmanen fungiren.

Professor Lassen schrieb im Jahre 1847:[3] "Ob er (Šiva) schon in der alten Zeit unter dem Bilde des liñga, des Phallus, verehrt worden sei, lässt sich bezweifeln, da in den epischen Gedichten sich dessen keine Erwähnung findet, und auch in Amara's Wörterbuche noch ein darauf bezüglicher Beiname fehlt. Da dieses Symbol besonders bei den Verehrern des Šiva im

1) Lassen's Indische Alterthumskunde I., 783; IV., 264. In beiden Fällen ist die erste Auflage gemeint, da der Schreiber dieser Zeilen leider bloss diese zur Hand hat. 2) Original Sanscrit Texts IV., 344 (London, 1863). 3) I., 783.

südlichen Indien im Gebrauch ist, lässt sich vermuthen, dass es bei den Urbewohnern sich vorfand, und erst später auf Šiva übertragen worden ist. Was dafür spricht, ist dieses, dass noch jetzt die Brahmanen des Südens nie bei Tempeln, in welchen das liñga verehrt wird, das Amt des Priesters annehmen". Dem entsprechend bemerkt er im Jahre 1861:[1] "Es darf die Verehrung des Gottes Šiva unter der Gestalt eines Phallus als ein der Brahmanischen Religion ursprünglich fremdes Element betrachtet werden".

Dr. J. Murdoch, ohne auf die Frage näher einzugehen, führt, im Jahre 1865, folgenden Satz aus Dr. Muir an:[2] "Stevenson und Lassen nehmen an, dass das phallische Emblem wahrscheinlich zuerst unter den ursprünglichen oder nicht-ârischen Indiern ein Gegenstand der Verehrung gewesen sei, und dass die Brahmanen im Lauf der Zeit es von ihnen angenommen hätten".

Dr. W. Germann tritt, im Jahre 1867, mit folgenden Worten für diese Ansicht auf:[3] "Die hauptsächlichsten Beweise dafür, dass das Liñga ein ursprünglich der Urreligion eignendes nicht-brahmanisches Emblem ist, sind folgende: 1) Bei der Gründung des südlichen Madhurâ, c. 600 v. Ch., wird die Stadt an einer Stelle gegründet, wo ein dem Mûlaliñga oder Čŏkkanâyaka und seiner Gattin Mînâkshî Amma gewidmeter alter Tempel gestanden.[4] 2) Von Râvaṇa, dem Vertreter der südlichen Ureinwohner, wird im Uttarakâṇḍa-Râmâyaṇa erwähnt, dass überall wohin er

---

1) IV., 265. 2) Classified Catalogue of Tamiḻ Printed Books, p. 65. 3) Ziegenbalg's Genealogie der Malabarischen Götter, p. 156. 4) Cf. Germann p. 116. Auch Prof. Lassen, Ind. Alt. IV., 235, sagt: "Wenn ich behauptet habe, dass der Šivaismus früher im südlichen Indien vorwaltete, so stütze ich diese Behauptung auf die Thatsache, dass in der Hauptstadt der Pâṇḍya ein alter, Čakranâtha genannter, dem Šiva geweihter Tempel bestand" etc. Čakranâtha steht irrthümlich für Čŏkkanâtha (d. i. Reinheit- oder Seligkeit-Herr). Zuweilen wird der Name auch Sŏrkanâyaka (svarga-) geschrieben; siehe Ziegenbalg p. 50. 59, No. 20. Čŏkka entspricht seiner Bedeutung noch ganz dem Worte śiva; es findet sich in allen hervorragenden draviḍa Sprachen. Vergleiche Dr. Gundert's Malayâḷa Wörterbuch s. v. čŏkkam̃. Das Tadbhava für svarga in Tamiḻ ist suvarkka oder sŏrkka (čŏkka).—P. 237 wiederholt Prof. Lassen seine Ansicht, dass die Verehrung Šiva's im südlichen Indien vorgewaltet habe.

gieng, ein goldnes Liñga mit ihm getragen wurde, welches er mit Weihrauch und Blumen verehrte. Ferner die Sage, nach welcher Vinâyaka in etwas bübischer Weise dem Râvaṇa die übliche Verehrung abzwingt, zeigt ihn uns ein Liñga nach Lañkâ bringend (freilich angeblich von Kailâsa), der Tempel welches Liñga jetzt Gokarṇa heissen soll (Šaiva Sam. v. v. III, Fr. 18 ff.). Also Râvaṇa erscheint immer mit dem Liñga. 3) Die im nordwestlichen Dekhan verehrte Göttin Mahâsahâ gilt als Mutter der Götter, und wird in der Gestalt eines Liñga oder eines Phallus angebetet (Lass. IV, 265). Da nun die Hauptsitze der Liñgaverehrung gerade die von den frühsten brahmanischen Ansiedlungen entferntesten nordöstlichen und südlichen Theile sind (obgleich in älterer Zeit sicherlich nicht minder Kâšmîra und die angrenzenden Theile des Himâlaya), so spricht allerdings vieles dafür, dass das nicht in natürlicher Verbindung mit dem vedischen Dienst der Elemente stehende Liñga-Symbol von den Urbewohnern entlehnt ist. Auch mehrere Stellen der Vedas können zum Beweise mitgebraucht werden: "Möge der glorreiche Indra triumphiren über feindliche Wesen; lass nicht die, deren Gott das Šišna (membrum virile) ist, sich unsern geheiligten Ceremonien nähern". "Indra unwiderstehlich die, deren Gott das Šišna ist, erschlagend, hat die Reichthümer der Stadt mit 100 Thoren erbeutet".

Dann schreibt Pfarrer P. Wurm in seiner Geschichte der Indischen Religion, im Jahre 1874, wie folgt:[1] "Namentlich den L i ñ g a i s m u s können wir nicht wohl auf ârischen Ursprung zurückführen. Man findet den P h a l l u s d i e n s t auch in Vorderasien, namentlich in Babylonien, und er hat sich bis nach Griechenland verbreitet, während die zoroastrische Religion keine Spur davon verräth. Es ist ja wohl möglich, dass verschiedene Völker unabhängig von einander auf die Verehrung dieses Symbol's gekommen sind; aber wenn es die t u r a n i s c h e n Völker nach Indien mitgebracht haben, so könnte es aus derselben Quelle sich auch weiter nach Westen verbreitet haben". "Wir haben

1) P. 128. 246.

namentlich den mit dem Śiva-Kultus verbundenen Phallusdienst (Liñga-Dienst) unter die draviḍischen Elemente gerechnet".

Die obgenannten Gelehrten stützen ihre Ansicht über den Ursprung des Liñga-Dienstes in Indien im Wesentlichen auf die Aufsätze von Dr. Stevenson. Durch ihn hat sich—man möge den Ausdruck verzeihen—ein leicht erklärlicher Autoritätsglaube in dieser Angelegenheit gebildet, der sich bis nach Indien selbst fühlbar macht, und auch den Schreiber dieses für längere Zeit gefangen und von selbständiger Forschung fern hielt. Es ist dazu gekommen, dass auch ârische Inder—wir werden einen hieher gehörigen Passus aus dem Indian Antiquary[1] später anführen—anfangen, den Ursprung des "unzierlichen, wenn nicht unzüchtigen" Liñga-Dienstes bei den Anâryas zu vermuthen, und zwar scheinbar ohne die Besorgniss, dass ihnen von europäischen Gelehrten widersprochen werde. Mögen die folgenden Zeilen als ein kleiner Beitrag zur Lösung der Frage angesehen werden.

2. Prüfung der Gründe.

1. Eines der Argumente für die Annahme, dass die Liñgaverehrung in Indien anârischen Ursprunges sei, stützt sich auf die geographische Verbreitung dieser Verehrung; es wird gesagt, dass die Hauptsitze derselben im Süden und Nordosten von Indien seien, fern von den ursprünglichen Wohnplätzen der Brahmanen. Es mag dies wahr sein, wenn man unter dem Süden alle die Länder versteht, welche im Süden vom Vindhya liegen, oder den Dakshiṇâpatha des Mahâbhâshya (zwichen 140 a. Chr. bis 60 p. Chr.), Mahâbhârata und Periplus[2]. Prof. Lassen schreibt[3]: "Die Verehrung des Śiva zählt in dem grossen Gebiete im Norden des Vindhya jetzt wenig eifrige Anhänger, obwohl es eine bedeutende Zahl von ihm geweiheten Tempeln giebt, in denen er in der Gestalt

1) 1872, p. 157. 2) Lass. I., 78. Weber, Indische Studien, XIII, 387. Der Periplus Maris Erythraei mag aus dem Anfang des 3ten Jahrhunderts p. Chr. stammen. 3) IV, 617.

des liñga oder des Phallus angebetet wird; eine Ausnahme bildet nur sein Tempel in Denares (Vârâṇasî), wo er den Namen Viševešvara, d. h. Herr des Alls, führt. Dagegen waltet heut zu Tage der Kult im Dekhan vor". Hiernach können also die Hauptsitze des indischen Liñga-Kultus in früherer Zeit einmal recht gut in den ersten Ansiedlungen der Âryas gewesen sein[1]. Aus der Liste der zwölf Liñgas in Indien, welche im zweiten Bande des Indian Antiquary (p. 15) gegeben ist, ergiebt sich für die Gegenwart, dass Oṁkâra[2] zur Narmadâ gehört, Someśvara zu Surâshṭra, Tryambaka und Bhîmašañkara zu Mahârâshṭra, und Mallikârjuna und Râmešvara[3] zum sogenannten Draviḍa; zu dem Gebiet im Norden des Vindhya dagegen gehören Mahâkâla und Amarešvara in Mâḷava, Viš-

1) Würde es je erwiesen, dass der Šivaismus im Süden vorgeherrscht habe, wie Prof. Lassen vermuthet, siehe oben P. 2, Note 4, so folgt daraus noch nicht dasselbe für den Liñgaismus, da, wie später angedeutet werden wird, sie ursprünglich nicht zusammen fallen. 2) Beim Niederschreiben dieses Namens fällt uns ein, dass Dr. Germann (Mal. Götter, p. 35), nach Prof. Lassen, annimmt, die Sylbe Oṁ erkläre sich aus dem Altpersischen ava, jenes (d. i. das höchste Göttliche). Oṁkâra bedeutet ursprünglich aber nach dem Eindrucke, den man unter dem Volke selbst bekommt, dasselbe wie Hûṁkâra, indem das Oṁ zuerst dem Hum oder Um zu Anfang einer Rede entspricht, das ja in der ganzen Welt jeweilen ausgestossen wird um sich zu besinnen, über die erste Verlegenheit hinüber zu kommen, oder die Aufmerksamkeit der Hörer zu erwecken; dann aber auch diesen Lauten, wenn sie von Hörern als Zeichen der Aufhorchung oder Beipflichtung verwandt werden, wie es auch gewöhnlich in Indien geschieht. Lehrern und Schülern wurde natürlich das urhafte Um oder Om im Lauf der Zeit wichtig, und zu allem Möglichen von ihnen verwandt. 3) Râmešvara wird ein tîrtha geheissen in der Čera Schenkungsurkunde vom Jahre 804 p. Chr. in Dr. Burnell's South Indian Palæography; darin kommt auch vor "Gŏrava, welcher Šiva nâki heisst" (šiva-nâki ĕmba gŏravar); cf. Nâgavarma's Prosody, Essay p. XXXIII und XIX, wo gŏrava= Šiva etc. In den zwei Wörterlisten, welche dem Šabdamaṇidarpaṇa beigegeben sind, heisst es "Bĕḷḷaḍi ist Gŏrava" (bĕḷḷaḍi bedeutet "Weiss-Fuss"). Bĕḷḷaḍi in der Bedeutung von Šiva ist mir sonst nicht bekannt. Reeve hat: bĕḷḷaḍi, a shepherd; basketmaker;—beḷuḍi, a shepherd's priest; und ferner: gŏraba, gŏrava, a shepherd's priest, who has a vessel made from a solid piece of wood, used by him for eating, washing and receiving alms; Šiva, practising as a mendicant;—gŏravati (Weib der gŏravas), a female fortune teller; cf. sein kŏravati, a female of the kŏravas, renowned for fortune telling. Der Commentar zum Šabdamañjari leitet gŏrava von gaurava her. Gŏrava (oder Gurava) etc. wird uns weiterhin wieder begegnen.

vešvara zu Vârâṇasî (Kâšî) im östlichen Theile vom Madhyadeša (Brahmâvarta), Vaidyanâtha in Bañgâḷa oder der zweiten Provinz von Prâči, und Kedâreša auf dem Himâlaya; der Platz des zwölften Liñga's, Gautameša genannt, scheint unbekannt zu sein[1]. Es hat wahrscheinlich eine gewisse Willkür bei dieser Aufzählung stattgefunden, indem z. B. das so berühmte Liñga von Gokarṇa an der West-Küste nicht erwähnt ist; jedenfalls sind Liñgas, die einen grossen lokalen Ruhm haben, ausgelassen, so unter andrem die in Süd-Indien zu Kañči, Tiruvânaikâ (bei Tiručinâpaḷḷi), Tiruvaṇṇâmalai (auch Šoṇagiri oder Aruṇâčala genannt), Tirukâḷatti (oder Šrî Kâḷahasti) und Čidambara. Liñgas von ähnlichem Lokal-Interesse finden sich ohne Zweifel in ganz Indien[2]. Sollte es sich aber je, nach sehr sorgfältigen Forschungen, als eine Thatsache herausstellen, dass der Liñga-Kultus im Süden jetzt überwiegend ist, so würde ein hervorragender geschichtlicher Grund davon nicht weiter zurückliegen als das 12te oder 13te Jahrhundert, wie sich weiterhin zeigen wird.

Uebrigens würde das Factum, dass die Hauptsitze des Liñga jetzt im Süden und auch im Nordosten Indiens seien, wenn es je erwiesen werden kann, keinenfalls zu der Annahme berechtigen, dass der Liñgadienst in jenen Gegenden entstanden sei; er kann dort eingeführt sein, und sich besonders stark entwickelt haben. Ein Beispiel für einen derartigen Fall findet sich auf dem Boden des Kastensystems. Dies gieng offenbar vom Nordwesten und Norden aus und verbreitete sich nach Nordosten und Süden; die Anâryas erhielten es von den Âryas. Und wie steht es jetzt mit der Kaste? Ihre bedeutendste Stärke hat sie weit im Süden unter den Šûdras und Paṛayas (Pariahs), so dass z. B. ein Nâya (seiner Stellung nach Šûdra) von Malĕyâḷa (Malabâr) sich viel eher verunreinigt glaubt als ein Brahmane jener Küste;—die Schüler haben ihre Lehrer übertroffen.

Zudem ist es für die Gegenwart geradezu unmöglich, den Ursprung des Liñgakultus, sei es auf einen rein

1) Die Durgâ heisst auch Gotami. 2) Vergleiche Germann p. 32.

ârischen oder anârischen Landstrich zu verlegen, indem es zu der Zeit, als er als eine historisch bekannte Thatsache in Indien auftrat, kein solches Gebiet mehr gab. Er erscheint uns, wie weiterhin ersichtlich werden wird, auf indischem Boden erst dann, als Âryas und Anâryas schon überall neben einander lebten. Das Argument, welches sich auf die Entfernung der Ursitze der Âryas von denen der Anâryas stützt, ist darum auch aus diesem Grunde unanwendbar.

2. Mit Bezug auf die sogenannte südliche Madhurâ (Maδurâ) muss man zugestehen, dass sie eine der alten Städte des Dakshiṇâpatha ist, indem sie schon dem Plinius im ersten (c. 79 p. Chr.) und dem Ptolemaios im zweiten Jahrhundert (c. 150 p. Chr.) bekannt war; das Pâṇḍi oder Pâṇḍya Reich, dessen Hauptstadt sie zu Ptolemaios Zeiten war, bestand schon zu des bauddha Königs Aŝoka Zeit, 250 Jahre vor Christus[1]. Wir können uns aber nicht dazu hergeben, der Legende über das Alter der Stadt und die Nebenumstände irgend welchen Glauben beizumessen, zumal es eine bekannte Thatsache ist, dass die Liste der Coḷa- und Pâṇḍya-Könige ganz unsicher ist[2]; und können auch in der Legende, wie sie dasteht, kein Argument zu Gunsten der Annahme eines anârischen Ursprunges der Liñgaverehrung erkennen[3]. Wenn diese Verehrung vor der Erbauung von Madhurâ, welche nach der Legende 600 Jahre vor Christus, d. i. schon vor Buddha, stattfand, in Süd-Indien üblich gewesen wäre; und wenn die Erbauer selbst, wie der Saṁskṛita Name der Stadt in der Legende andeuten würde[4], nicht einmal

1) Lass. I., 158; Dr. Burnell's South Indian Palæography, p. 11. 32. 38. 62. 83; Patañjali sagt, Pâṇḍya komme von Pâṇḍu, Weber, Ind. St. XIII., 387. 2) Burnell p. 37. 3) Cf. Burnell p. V. 12. 4) Die Legende ist auch in dieser Beziehung unmassgebend. Der Name der Stadt bei Ptolemaios ist Mŏdoura, und bei Plinius Modura. Es ist nun keineswegs unmöglich, dass diese zwei Formen des Namens die Form Madhurâ (Maδurâ) enthalten, da ja kurzes o und a häufig mit einander wechseln; es erscheint uns aber wahrscheinlicher, dass das ŏ ein ursprüngliches kurzes u vertrat, was auch häufig der Fall ist, z. B. Pŏlakeŝi = Pulakeŝi, Čâlŏkya = Čâlukya, und dann das kurze a dafür angenommen wurde. Der Name hätte dann anfangs Mŏdûru (Mudûru, ûru wird ûra in Sanscrit), d. i. alte Stadt oder grosse Stadt, geheissen, und wäre ganz anârisch. Pâṇḍi, das vom gleichen Stamme mit Paṇḍita kommt, erscheint in seiner rechten Bedeutung z. B. im Tĕlugu "deŝapâṇḍiya" = deŝamukhi, Superintendent

Anâryas, sondern Âryas oder ihre Verbündeten gewesen wären, und einem alten Îśvara (liñga) zu Ehren die Stadt gegründet hätten, so würde gewiss der Liñga-Kultus im Allgemeinen oder auch als bei den Âryas bestehend irgendwie schon in den ältesten religiösen Werken in Indien deutlich berührt worden sein, was aber, auch nach Prof. Lassen[1], nicht der Fall ist.

3. Was den râkshasa Râvaṇa anbelangt, so ist es allerdings eine Thatsache, dass der Verfasser des Uttara Kâṇḍa des Râmâyaṇa ihm Liñga-Verehrung zuschreibt[2]. Diesem Umstande darf man aber, abgesehen von der Frage, um die es sich hier zunächst handelt, kein besonders Gewicht mit Rücksicht auf einen sehr alten Liñga-Kultus im Süden beilegen, da ja das Râmâyaṇa verhältnissmässig späten Datums ist (—und dies gilt noch mehr für das Uttara Kâṇḍa)[3], und eine fast rein poetische Composition bildet.[4] Es findet sich ferner ein Gegenstück in einer Legende des andern Epos, des Mahâbhârata, wonach der ṛishi Upamanyu und Kṛishṇa und vor ihnen, schon im Kṛita Zeitalter, der ṛishi Taṇḍi, als Liñga-Verehrer im Norden auf dem Himâlaya erscheinen, welche drei zudem zu den Âryas gehören[5]. Es ist somit an sich schon gar nicht unmöglich, dass der Verfasser des Uttara Kâṇḍa, wenn er anders den Râvaṇa zum Vertreter der Anâryas darstellen wollte, sich dachte, die râkshasas hätten unter anderm[6] auch den Liñga-Dienst von den Âryas sich angeeignet. Dass er aber den Râvaṇa als den Repräsentanten der südlichen Urbewohner angesehen haben will, ist mehr denn fraglich; nach ihm wurden die râkshasas als

---

1) Vide oben p. 1; IV, 623 2) Muir IV, 421. 3) Weber on the Râmâyaṇa, p. 34. 4) Cf. Weber on the Râmâyaṇa; Muir IV., 356. 5) Muir IV., 158 seq.; 348; cf. 356. Diese Legende wird denn auch im Kannaḍa Basava Purâṇa (vom Jahre 1369 p. Chr.) zu Ehren des Liñga-Dienstes angeführt, indem es (54, 60) heisst: "Erhielt nicht Śrîśa (Kṛishṇa) damals vom muni Namens Upamanyu die śiva-dîkshâ, nahm er nicht von jenem Jünger (śaraṇa) ein Liñga aus Sapphir (indranîla) an, und verehrte er nicht den Îśa mit pâśupata-suvrata? Bewahrte nicht dieser Keśava jenes Liñga im eigenen Schlafgemach, und indem er es mit tausend Lotussen anbetete, opferte Indirâpati (Vishṇu) nicht sogleich eine seiner Augenlotusse, als einmal eine Blume fehlte? und erhielt er nicht sein Auge und seinen Diskus zurück, als er den Indumauḷi so erfreute?" 6) Cf. Muir IV., 411.

eine bestimmte Klasse von Wesen zur Hütung der Wasser von Brahmâ geschaffen, und heiratheten im Lauf der Zeit auch gandharvîs; Sumâli, ein Sohn des râkshasa Sukeša und der gandharvî Devavatî, nimmt eine Tochter der gandharvî Narmadâ zur Frau; und seine Tochter Kaikasî heirathet den Višravas, einen Sohn des brahmarshi Pulastya und der Tochter des râjarshi Tṛiṇavindu; der Sohn von Kaikasî ist Râvaṇa[1]. Hätte der Verfasser des Uttara Kâṇḍa dennoch gedacht, Râvaṇa solle, in seinem Gedichte, die südindischen Urbewohner als die Urheber des Liñga-Kultus vertreten, so würde er sich damit entweder als ausgebildeten und gehässigen Vaishṇava darstellen, oder aber, wie später ersichtlich werden wird, sich als einen des Sachverhaltes völlig unkundigen Poeten erweisen; zudem wäre er von seinen Hindu Lesern aller Klassen im Süden ganz missverstanden worden, welche auch jetzt noch überall, wo sie vom europäischen Einflusse frei geblieben sind, die râkshasas als ein ganz absonderliches Geschlecht betrachten[2].

Die andere Legende über Vinâyaka und Râvaṇa hat vollends keinen historischen Werth, da sie, nach Angabe von Dr. Germann selbst, auf dem Šaiva-samaya-viḷakka-vinâ-viḍai, d. i. Fragen und Antworten zur Beleuchtung der Šaiva Gemeinde, beruht, ein Werk das dem 19ten Jahrhundert angehört[3]. Findet sie sich etwa auch in einem älteren Werke, so ist es an dieser Stelle genügend, mit Dr. Germann auf die Verbindung des betreffenden Liñga's mit dem Kailâsa auf dem Himâlaya zu verweisen.

4. Mit Bezug auf die im Nordwestlichen Dekhan verehrte Göttin Mahâsahâ muss der Schreiber dieses bekennen, dass er eine solche nicht kennt, wie es auch Andern ausser ihm geht[4].

---

1) Nach dem Mahâbhârata ist Râvaṇa der Sohn der râkshasî Pushpotkaṭâ und des ṛishi Pulastya, eines Sohnes Brahmâ's. Muir IV., 411—416. 2) Es kommt vor, dass sie zur Bezeichnung eines bösen Wesens, sei es Thier oder Mensch, dessen Leben sehr zähe ist, oder eines schädlichen und zu gleicher Zeit schwer auszurottenden Gewächses sich des Ausdrucks "râkshasakula" bedienen. 3) Siehe Murdoch, p. 84. 4) Dasselbe gilt von Holi (Hoḷi), Lassen IV., 265. Die Bedeutung dieses Wortes an sich ist unklar. Es kommt im Süden in Kannaḍa (Kanaresisch),

Der Name selbst ist indess Sanscrit: "sie die mächtig aushält," oder: "sie die mächtig siegt". Dieser Umstand deutet auf einen ârischen Character. Hinsichtlich eines Theiles des Nordwestens weisen wir beiläufig auf den Artikel über das Saptakoṭîšvara liñga der Sârasvata Brahmanen in Govâ hin, der im Indian Antiquary erschien[1]; und auf die Legenden in Bombay (Mumbay) über den Vâlukešvara liñga des Râma von Ayodhyâ und die Liñgas des Parašurâma in demselben Blatte[2].

5. Einen äusserst wichtigen Beweisgrund für die Annahme eines anârischen Ursprungs des Liñga-Dienstes in Indien, würde der Umstand bilden, dass noch jetzt die Brahmanen des Südens nie in Liñga-Tempeln das Amt des Priesters (pûjârî) annehmen, wie Prof. Lassen, freilich vor 27 Jahren, dachte[3],—wenn derselbe nur ganz wahr wäre; was wahr daran ist, datirt sich, wie wir sehen werden, erst aus dem 13ten Jahrhundert. Schon im Jahre 1713 schrieb Probst B. Ziegenbalg von der Tamiḻ Mission:[4] "In den Pagoden darf Niemand anders dem

---

Tělugu, Malěyâḷa und Marâṭi (cf. auch Ind. Ant. III., 223) vor. Dr. Gundert im Malěyâḷa Wörterbuch (1872) hat: "hoḷi, die Saturnalien der Hindus", und bezeichnet das Wort als Hindusthânî. Herr Brown im Tělugu Wörterbuch (1852) sagt: "hoḷi, der Stoss von Holz, Grass u. s. w., welcher hergerichtet wird, um am Ende des Hoḷi-Festes angezündet zu werden; hoḷi paṇḍuga, das Hoḷi-Fest, das beim Beginn der Frühlingsnachtgleiche gehalten wird, wobei die Hindus gefärbtes Pulver auf einander werfen". Herr Reeve im Kannaḍa Wörterbuch (1832) schreibt: "hoḷi, ein Fest zur Entwürdigung des Cupido (kâma), welches beim Beginn der Frühlingsnachtgleiche gefeiert wird, am Vollmond des phâlguna mâsa, wobei Cupido in effigie verbrannt wird, und wobei Jungens tanzen, umherhüpfen, unzüchtige Reden gebrauchen etc." In Tamiḻ heisst das Fest kâman paṇḍugai, d.i. Kâma-Fest; und im Kannaḍa auch Kâma's huṇṇivě (pûrṇimâ), oder Kâma's âṭa (d. i. Spiel). Jungens und Erwachsene machen dann einen freien Gebrauch von okuḷi (Hindusthânî: gulâl), einer Mischung von Kalk, Curcuma und Wasser, sich gegenseitig zu besudeln, wobei sie auch hölzerne Spritzen gebrauchen. Die Art und Weise, wie das Hoḷi gehalten wird, ist bekannt genug (siehe auch Germann p. 134; Ind. Ant. I., 55); und es scheint sicher zu sein, dass weiter im Süden "hoḷi" nicht der Name einer Gottheit ist. Zum Ganzen vergleiche Kâmâri (Kâma's Feind), d. i. Šiva. Die liederlichen Lieder, welche besonders auch zur Zeit des Festes gesungen werden, heissen hoḷi padas. 1) 1874, p. 194 ff; cf. den Trikûṭešvara in Ind. Ant. II., 296. 2) 1874, 247 ff. 3) Siehe oben p. 2. 4) Seite 31· cf 38. 54. 270.

Liñga opfern, als nur Brahmanen". Auf dies Zeugniss hin gab denn schon Dr. Germann die entgegengesetzte Meinung von Prof. Lassen auf. Dr. Stevenson war vorsichtiger in seinem Urtheil gewesen als letzterer, indem er sagte: "Im Mahratta Lande fungirt kein Brahmane als Priester in einem Liñga Tempel". Mit Bezug auf diesen Satz bemerkt Dr. Muir:[1] "Dieser Unterschied, glaube ich, besteht nicht in Nord-Indien. Im Tempel des Višvešvara zu Benares sind die fungirenden Priester, wenn ich nicht irre, Brahmanen. Dies ist auch der Eindruck von Prof. Fitz-Edward Hall, mit welchem ich über den Gegenstand gesprochen habe". Über diese Äusserung spricht Pfarrer Wurm wie folgt:[2] "Wenn Muir (IV, 344) dagegen (gegen Dr. St.'s Ansicht) einwendet, dass in Benares Brahmanen in Liñga-Tempeln functioniren, so werden wir im neueren Brahmanismus die Lösung dieser Streitfrage finden, indem Stevenson offenbar mit der Liñgaitensekte bekannt wurde, Muir dagegen mit den Anhängern des Šañkarâčâryas".

Hiemit hat Herr Wurm im Wesentlichen[3] das Richtige getroffen; und so muss auch der oben angeführte Satz Ziegenbalg's beschränkt werden. Zu Ende des 12ten Jahrhunderts bildete sich, nach dem Sturze der westlichen Čâḷukya-Dynastie, in Kalyâṇa[4] die Sekte der Liñgâytas (der jetzigen Rechnung nach Šûdras) in Opposition gegen bestehende Heterodoxie (bauddha und jaina) und Orthodoxie; und in ihren zahlreichen Liñga-Tempeln fungiren keine Brahmanen. In den alten, d. h. brahmanischen, Liñga-Tempeln dagegen, sind die pûjâris ausschliesslich Brahmanen oder Âryas; und diese Liñga-Tempel, z. B. der zu Gokarṇa und alle die obgenannten,[5] sind es, welche

1) IV., 344. 2) Seite 128. 3) Eigentlich ist die Liñgâyta Sekte kein Theil des neueren Brahmanismus, sondern eine Oppositionspartheі; zudem brauchen die Brahmanen, welche den Višvešvara bedienen, nicht nothwendiger Weise Anhänger von Šañkarâčârya zu sein; und dann bezieht sich der Sachverhalt auf ganz Indien. 4) Diese Stadt liegt im jetzigen Nijâm. 35 englische Meilen südwestlich von Bidar (d. i. Bambu). Für diejenigen, welche unsere Ausgabe von Nâgavarma's Kannaḍa Čhandas lesen sollten, bemerken wir, dass wir in der Vorrede dazu unglücklicher Weise, durch eine falsche Combination, in den Irrthum fielen, die Stadt an den Tuñgabhadra zu verlegen. 5) siehe oben p. 5.

zu allgemeiner Berühmtheit gelangt sind. Auch Liṅgâytas können sie besuchen, aber dürfen nicht hinein; es scheint aber, dass zur Zeit der ersten Kraft der Sekte in dieser Beziehung ein Unterschied stattfand.

Es ist unnöthig über diesen Gegenstand Einzelheiten anzuführen; doch bemerken wir noch, dass die vorhin berührten Sârasvatas, welche auch Kuśasthalis heissen, auch in dem bekannten Maṅgaḷûru an der W. Küste ihren Liṅga-Tempel haben; der Liṅga heisst Umâparameśvara.[1] Beiläufig gesagt, die

1) In dem Auszuge aus dem Aufsatze "The shrine of the river Kṛishṇâ at the village of Mahâbaleśvara, by Râo Sâheb Viśvanâth Maṇḍlik," der Indian Antiquary 1872, p. 157 gegeben ist, sind einige Sachen, über die an Ort und Stelle genauere Auskunft gesucht werden sollte. Der Auszug ist in etwas abgekürzter Form wie folgt: Ueber der Quelle der Kṛishṇâ (nicht weit von Sâtârâ) wurde vor ungefähr 125 Jahren (die Umstände gehören also der Jetztzeit an) von der Familie eines Brahmanen von Sâtârâ ein steinerner Tempel erbaut. Gegenüber dem Eingange ist ein Pavillon für Nandi. Ein Koli (N. B. mit langem o, Ind. Ant. III., 266) oder eine Koli Familie, Gaṅgâputra genannt (Gaṅgâputra=Bhîshma, Kârtikeya oder Kumâra, eine Mischlingskaste; in Tamiḻ auch Vinâyaka; in Kannaḍa auch: Bootsmann, Fischer), ist der erbliche Vorstand, welchem alle Gaben zufallen, die von Leuten nach dem dort vollzogenen Bade entrichtet werden; was sie vor dem Baden geben, gehört den Brahmanen. Ein anderer Tempel ist im dortigen Dorfe Mahâbaleśvara, und auch bei dem haben die Kolis eine besondere erbliche Stellung, und die Guravas, welche das Liṅga dort anbeten (ob: pûjâ machen, d. i. pûjâri sind?), scheinen eher mit den Bergstämmen als mit den Thalbewohnern verwandt zu sein; sie haben jedoch keine Connection mit dem Tempel der Kṛishṇâ, wo die Kolis allein die Hauptgeschäftsträger (auch Priester?) sind. Die Priester bei diesen beiden Tempeln gehören zu den ursprünglich wilden oder wenigstens nicht-vedischen Stämmen. Einige tragen das Liṅga, und diese nehmen keine Speise zu sich, welche von Brahmanen bereitet wurde; und es ist den Brahmanen verboten, fungirende Priester bei Śaiva Tempeln (!! ??) zu werden, und sie dürfen nicht an den Opfergaben Theil nehmen, welche dort gemacht werden (!! ??). "Es unterliegt keinem Zweifel, dass die Leute denken, es sei etwas Unzierliches, wenn nicht Unzüchtiges (vid. oben p. 4), in der Liṅgaverehrung; denn, so viel ich weiss, haben bloss junge Mädchen welche noch nicht mannbar sind, und alte Frauen welche über die Periode des Kindergebärens hinüber sind, die Erlaubniss in einen Śaiva Tempel zu gehen. Die Andern haben ihre Verehrung mittelst eines Stellvertreters zu verrichten". — Soweit der Auszug; das mit Anführungszeichen Versehene sind Viśvanâth Maṇḍlik's eigene Worte. Vielleicht fehlt im Auszuge Einiges, welches der Bericht selbst klarer machen würde; was dasteht ist mehrfach unverständlich, möglicher Weise giebt es aber ausnahmsweise dort wirklich verzwickte lokale Verhältnisse, welche der Aufklärung be

Kôṅkaṇi oder Kôṅkaṇastha Brâhmaṇas (welche unter sich identisch sind) sind keine Sârasvatas, wie es im Ind. Antiquary (III, 225) heisst; nach dieser Autorität (p. 229 ff.) giebt es auch

---

dürfen. Es wird nicht direct gesagt, dass der Tempel der Kṛishṇâ ein Liṅga hat, doch deutet hier der Pavillon des Nandi (oder Basava=Vṛishabha) es an. Der sogenannte Sâtârâ Brahmane ist desshalb ein Šaiva. Die Kolis sind jetzt ein mit Râjaputras und Marâṭis vermischter Stamm (cf. Lass. I., 370 ff.), und es giebt auch bedeutende Landbesitzer, Paṭelas (Dorfobersten), Fürsten und Burgherrn unter ihnen (Ind. Ant. II., 154; III., 76. 110. 127. 189. 223. 224). Sie scheinen im Allgemeinen die Stellung von śaiva Šûdras einzunehmen; hier, als Gaṅgâputras, vielleicht die von Kshattriyas. Dr. J. Wilson in seinem "Evangelization of India" (1849) sagt (p. 305), dass die Mahâdeva Kolis hauptsächlich in den Thälern auf der Ostseite des Sahyâdri (des Theiles der westlichen Ghaṭṭas, der Marâṭa und Kôṅkaṇa angehört) wohnen; auch in Mumbay (Bombay) erscheinen sie als Verehrer des Liṅga (Ind. Ant. III., 248, wo auch die Sage berührt wird, dass Vâlmîki, der Verfasser des Râmâyaṇa, ein Koli gewesen sei; cf. Weber's Ind. St. XIII., p. 316, woselbst auch erscheint, dass Brahmagupta, der Verfasser des Brahmasiddhânta, der Tradition nach als Bhilla (d. i. Billa, Bogenmann, Schütze) Mâlavaka âčârya bezeichnet wird. Ziegenbalg schreibt aus dem Tamiḷ Lande, p. 223: "Vâlmîki ist vor Alters erst ein Schütze gewesen" etc.). Ein grosser Theil der Kolis sind offenbar ganz brahmanisirt, und bieten in so weit keinen sichern Anhalt für die Kenntniss ihres Urkultus. Mit Bezug auf ihre Vorsteherstellung bei den Tempeln in Frage kann es der Fall sein, dass ihnen die Tempelplätze ursprünglich gehörten, und sie daher das Recht zu einer solchen Stellung gleich bei der Erlaubnissgebung zum Bauen beanspruchten. Pûjâris bei den Liṅga-Tempeln könnten sie. wenn sie nicht als vielfach hochgestellte Mischkaste das Recht dazu erhalten hätten, der sonst überall gültigen Regel nach nur noch unter einer Bedingung sein, nemlich wenn die Tempel Liṅgâyta wären. Für den Leser herrscht darüber Zweifel; doch könnte es für ihn daraus hervorgehen, dass es heisst, die Priester beider Tempel gehören zu nicht vedischen Stämmen (von deren Gliedern ja manche Liṅgâytas geworden sind) und einige tragen das Liṅga, obwohl Letzteres auch bei vîra śaiva Âryas (den Ârâdhya Brâhmaṇas) vorkommt. Der sogenannte Sâtârâ Brâhmaṇa dürfte etwa ein solcher sein, und als solcher mit den vîra śaiva Liṅgâytas, so weit sie dort solche sind, auch mit Rücksicht auf den Pûjâri-Dienst leicht einen Compromiss gemacht haben, um nur die Erlaubniss zu erhalten, an dem ihm so wichtigen Platze einen Bau aufzuführen. Dass gesagt wird, die Träger des Liṅga nehmen keine Speise zu sich, welche von Brahmanen bereitet wurde, passt ganz auf das hochfahrende Benehmen der Liṅgâytas. Die Priester (pûjâris) bei dem Mahâbaleśvara Tempel scheinen speciell Guravas zu sein, d. i. wohl Leute der Marâṭi Kaste dieses Namens, deren Angehörige als pûjâris dienen und dem Range nach unter den Devalakas stehen, welche das gleiche Gewerbe betreiben und im Range etwas vor den Bauern (śûdras) kommen (Ind. Ant. III., 77. 224). Dass auch Kolis unter den Guravas sind und dass Guruvas Liṅgâytas geworden sind, ist möglich und wahrscheinlich.

Sindhi und Pañjâbi Sârasvatas, womit die Bedeutung des Names dieses Ârya Stammes, "der vom Fluss Sarasvatî gekommene", übereinstimmt.

6. Dr. Germann's letztes Argument für einen anârischen Ursprung des Liñga-Kultus bilden zwei Verse des Ṛigveda, welche oben von ihm in einer deutschen Uebersetzung gegeben sind. Sie wurden, so viel ich weiss, zuerst von Dr. Muir in seinen Sanscrit Texts[1] umfassend erörtert. Sie enthalten das schwierige Compositum šišna-deva, welches Dreierlei bedeuten kann: 1) einer dessen Gott der šišna ist; 2) einer der mit dem šišna spielt (d. i. eine unzüchtige Person); 3) ein Schwanz-Gott.[2] Über die Tragweite dieser zwei Stellen bemerkt Dr. Muir mit Recht: "Wie interessant es auch wäre, einen Beweis für das Dasein

---

Interessant wäre es nun, wenn wir bei den Guravas oder Gōravas an die oben erwähnten Gōravas (P. 5, N. 3) denken dürften, welche pûjâris der Kuṛubas, d. i. Schaaf- und Ziegenhirten, auf dem offenen Hochlande des Karnâṭa und Mahârâshṭra sind. Einige Abtheilungen dieser Kuṛubas weben auch wollene Decken und bebauen das Land, und stehen z. B. so weit unter brahmanischer Oberhoheit, dass sie keine Heirath ohne den Beistand der Brahmanen vollziehen; einige im Karnâṭa sind auch, wie uns hier von Liñgâytas versichert wird, unter die Liñgâytas aufgenommen worden. Den eigenen Priestern dieser Kuṛubas des offenen Hochlandes, den Gōravas, besonders im Mahârâshṭra, gehört das sogenannte Mailâra-Liñga zu, dessen Legende wir später geben werden. In den Bergen von Kōḍagu und Malĕyâḷa haben die Kuṛubas weder Gōrava noch Liñga. Beiläufig bemerken wie hier, dass die Liñgâytas, wenigstens in dieser unserer Gegend, eine eigene und zwar niedere Kaste ihres Verbandes, die Tammaḍis, als Priester (pûjâris) in ihren Tempeln anstellen; und dass überall die Jaṅgamas, ihre Bettel-Geistlichkeit (mit und ohne Cölibat), und Gurus nie als Priester darin fungiren. Dass, wie der oben besprochene Artikel sagt, (gewöhnlich) bloss Mädchen, Jungfrauen und ältere Frauen zu den Liñga-Tempeln gehen, hat, wo es der Fall ist, einen andern Grund als den dort angegebenen; die Uebrigen gehen einfach ihren Geschäften nach, nachdem sie vielleicht beim Baden an einem Teiche oder Flusse ihrem Privat-Liñga pûjâ gemacht haben, und die Liñgâytas im Besondern haben ihr ishṭa-liñga am Halse hängen und werden zudem von ihrer Geistlichkeit in ihren Häusern besucht. Auch in Nord-Indien sind die Liñgâytas zahlreich; siehe Lassen IV., 623.

1) II, 407; IV, 345 ff.

2) Diese Uebersetzung, wie auch die erste, würde es wohl nöthig machen, Götzenbilder bei den indischen Anâryas vorauszusetzen, falls diese gemeint wären, was man wegen der Abwesenheit solcher bei einigen ihrer Stämme noch in der Jetztzeit nicht thun darf. Oder dürfte etwa an ausserindische altskythische Götzen gedacht werden? oder an Götzen Arischer Sekten?

eines phallischen Dienstes unter den Urbewohnern zur Zeit der vedischen Ṛishis zu finden, so muss man bekennen, dass das Wort šišnadeva diese Evidenz nicht liefert".

Dagegen hat derselbe Gelehrte versucht, Spuren in der Vedischen Literatur zu finden, welche die Verbindung zwischen einem altbrahmanischen Embleme und dem Liñga herstellen möchten. Im fünften Bande seiner S. Texts[1]) giebt er eine Übersetzung von Atharvaveda X, 7, deren letzter Vers lautet wie folgt: "Wer das goldene Rohr (hiraṇyayo vetasaḥ) kennt, das in den Wassern steht, ist der geheimnissvolle Prajâpati". Dazu macht er folgende Bemerkung: "In (dem erotischen Zwiegespräch zwischen Purûravas und Urvašî,) R. V. X, 95, Vers 4 und 5 (vergl. Nirukta III, 21), und (in der Legende über diese zwei Persönlichkeiten,) Šatap. Br. XI, 5, 1, Satz 1, hat das Wort vaitasa die Bedeutung von membrum virile. Haben wir das Wort vetasa hier (im Texte) in der Bedeutung von Liñga zu nehmen?"

Wie dem auch immer sei, Dr. Muir hat hiemit eine Fährte eingeschlagen, auf der sich vielleicht noch Etwas entdecken lässt. Doch würde es unangemessen sein, schon auf Grund dieser Stellen die Âryas zu Urhebern des jetzigen indischen Liñga-Dienstes zu machen, oder auch nur zu sagen, er habe bei ihnen bereits existirt, als die Stellen verfasst wurden; bedeutet vetasa das membrum virile, so wäre das zunächst ein weiteres Zeugniss für die ungezügelte, erotische Denkungsart der alt-indischen Âryas. Andererseits lässt sich, wie die Geschichte anderer Länder zur Genüge zeigt, aus einer frühen äusserlichen Civilisation der indischen Âryas nicht folgern oder auch nur irgendwie wahrscheinlich machen, dass der besagte Dienst nicht von ihnen in Indien, mittelbar oder unmittelbar, eingeführt worden sei. Abgesehen von späteren Producten, muss man, wie gerade angedeutet, zudem bekennen, dass die vedische Literatur deutliche Spuren der Sinnlichkeit in dem Character, den Gedanken und Ceremonien

1) V, 378 ff.

der altindischen Âryas anzeigt. Ferner wird Jeder, der länger in Indien geweilt und sich umgesehen hat, des Eindrucks sich nicht erwehren können, dass die freilich jeweilig noch etwas naturwüchsigen Anâryas verhältnissmässig ebenso anständige Leute seien als die Âryas. Hier nur ein Beispiel. Im Kŏḍagu (Coorg) Walde ereignete es sich vor etwa achtzehn Jahren, dass die Kuṛubas[1] einer kleinen Niederlassung (haṭṭi, paṭṭi) in der Nachbarschaft meiner Einsiedelei einen der ihrigen geradezu hinauswarfen, weil er sich (wie der junge Mann selbst zu mir sagte) mit Weibern abgegeben habe. Beachtungswerth in dieser Beziehung ist auch was Raghuvindra Râvu, ein Sârasvata, über den ebenfalls draviḍischen Waldstamm der Kŏragas sagt:[2] "Ob er (der Kŏraga) wohl keine Erziehung geniesst und ungelehrt ist, Tugend gedeiht dennoch in seinem Kreise, als wäre er gerade der für sie geeignete Boden. Lügen, Stehlen, Ehebruch, und andere Übel der Gesellschaft kennt er nicht". Der Schimpfname "siŝnadevâḥ" kann im moralischen Sinne solche Stämme nicht angehen; sollte er sich doch auf sie beziehen, so ist er einfach nicht zu rechtfertigen.

3. Geschichtliches Auftreten des Liṅgakultus in Indien.

Nachdem im Obigen die bis auf die neuere Zeit hergebrachten Argumente für die Ansicht, dass der Liṅga-Kultus in Indien von den Anâryas daselbst stamme, durchgegangen sind, mit dem Resultate dass sie nicht haltbar sind, frägt es sich, ob es keine directen Beweise dafür giebt, dass der Kultus nicht

1) Die Kuṛubas (Kuṛumbas) sind oben (P. 14, Anm.) als Schaaf- und Ziegen-Züchter etc. genannt worden; as solche, auch Hâlu Kuṛubas (Milch-Kuṛubas) genannt, erscheinen sie auf der Hochebene. Wo sie aber in den Wäldern leben, heissen sie z. B. Bĕṭṭa Kuṛubas (Berg-Kuṛubas), welche Bambu-Körbe und Matten machen und auf den jeweiligen Kumaris (d. i. Plätzen im Walde, wo von ihnen die Bäume umgehauen werden, gebrannt, und dann gesäet wird) etwas Ackerbau treiben, indem sie ihre Niederlassungen häufig wechseln; Tenu (Jenu) Kuṛubas (Honig-Kuṛubas), denen das Ausnehmen des wilden Honigs eine besondere Obliegenheit ist und die daneben Taglöhner-Dienste thun etc. 2) Ind. Ant. III, 199.

von ihnen herrühre. Als eine Vorstufe zur Beantwortung dieser Frage ist es wesentlich, sich die Zeit zu vergegenwärtigen, in welcher der Liñga-Dienst zuerst als eine geschichtliche Thatsache in Indien auftritt.

Nach einer Legenden-Sammlung, welche, wie es heisst, zwischen den Jahren 384-417 in's Chinesische übersetzt wurde, wurde etwa am Anfang unserer christlichen Zeitrechnung Nâgârjuna in einer brahmanischen Familie Süd-Indiens geboren, wurde Buddhist und wirkte dort als berühmter Lehrer, indem er auch die Tîrthakas, d. i. brahmanische Asceten, demüthigte. Einer seiner Schüler war Deva oder Âryadeva, welcher auch aus einer brahmanischen Familie in Süd-Indien stammte und als Buddhist die Feindschaft der Tîrthakas erfuhr; zu seiner Zeit gab es dort ein Bild des Mahešvara (Šiva?), das die Augen rollen konnte. Deva wurde auch Kânadeva, d. i. blinder Herr, genannt[1]. (Das Wort Kâna muss Kâṇa sein, d. h. er sieht nicht, von der $\sqrt{}$kaṇ, kâṇ, sehen). Der chinesische Buddhist Fa-hian meldet im Jahre 400 p. Chr., dass der Dekhan zu seiner Zeit uncivilisirt und fast unzugänglich gewesen sei[2]. Es unterliegt keinem Zweifel, dass in Süd-Indien die Brahmanen in der nennenswerthen, thatsächlichen Verbreitung ihrer Religion und Civilisation den Bauddhas und Jainas folgten[3]; in Oḍra (Orissa, mit der Stadt Veñgi) z. B. hatte im Jahre 473 p. Chr. die Kešari Familie, welche den Šiva verehrte, die dortige Bauddha Dynastie überwunden[4].

Einige Notizen aus Prof. Lassen's Indischer Alterthumskunde mögen hier im Voraus Platz finden: In dem Zeitraume von 319 p. Chr. bis auf die ersten Einfälle und Eroberungen der Muhammedaner in Indien bestand in Kâšmîra und dem westlichen Hindusthâna der Kultus des Vishṇu und Šiva nebeneinander; im östlichen Hindusthâna trat 1050 eine meistens Šaiva Dynastie an die Stelle der Bauddhas; im nördlichen

---

1) Ind. Ant. IV., 141 ff.; vergl. Weber V., 152; Müller's S. L. 273 ff. 2) Burnell p. 12. 41; cf. 31. 3) Vergleiche Burnell, p. 11 ff.; Ind. Ant. II., 202. 296; Lass. IV., 235. 4) Journal R. A. S., N. S. III., 1, p. 146; cf. Lassen IV., 7; Burnell p. 14.

Dekhan hatte der Vaishṇavismus bei den Fürsten von Valabhî das Übergewicht, aber während der Jahre 545-650 war der Buddhismus noch stark vertreten; die Râshṭrakûṭas im westlichen Indien, 760-980, waren Vaishṇavas und Šaivas. Der dritte König der Čâlukyas (Pulakeši) von Kalyâṇa (im Nijâm), 489 p. Chr., huldigte sehr der Lehre der Jainas; "die Mehrzahl der Inschriften der in Kalyâṇî residirenden Čâlukyas bezeugt, dass sie Verehrer des Šiva waren, der hier vorzugsweise Mahâdeva geheissen wird; den Schenkungsurkunden (der Šaivas unter ihnen?) ist die Figur des liñga oder des Phallus beigefügt." In den südlichen Staaten des Dekhans[1] war um's Jahr 1000 der König Râjendra (Râjarâja?) Čoḷa ein Vaishṇava, während sein Nachfolger Arivari (Kulottuñga?)[2] ein Šaiva wurde[3]. Bei

---

1) Ind. Alt. IV., p. 235. 236 (vergleiche diesen Aufsatz p. 2) sagt Prof. Lassen: "Wenn ich aber behauptet habe, dass der Šivaismus im südlichen Indien vorwaltete, so stütze ich diese Behauptung auf die Thatsache, dass in der Hauptstadt der Pâṇḍya ein alter, Čakranâtha genannter, dem Šiva geweihter Tempel bestand, und darauf, dass der König von Čera, Govindarâya, der um 650 Vertreter seiner Dynastie war, ein sehr eifriger Anhänger der Šivaitischen Sekte der Liñgadhârin war und desshalb den Namen Nandivarman erhielt; Nandi ist bekanntlich der Stier dieser grossen Gottheit". Dr. Burnell dagegen (p. 26) schreibt über Čera, dessen König zu des Buddhisten Aśoka's Zeit, im 3ten Jahrhundert a. Chr., bekannt war (p. 14. 27. 32. 33): "Die vorhandenen Inschriften zeigen, dass um das 4te oder 5te Jahrhundert p. Chr. die Beherrscher dieses Reiches die Jainas mit grossem Eifer aufnahmen, und ihnen reiche Stiftungen machten in dem Gebiete, welches die jetzige Provinz Maisûr bildet". Von einem Könige Govindarâya um 650 enthalten die zuletzt aufgefundenen Inscriptionen, welche bis zu 777 p. Chr. reichen, gar Nichts; siehe Burnell, p. 27. Prof. Lassen nimmt an, dass die Liñgadhâris, welche er um 650 gefunden, eins seien mit den Liñgâytas (IV, 623); dies ist aber nicht der Fall, wie später ersichtlich werden wird. 804 p. Chr. kannten die Čeras den Šiva; siehe oben p. 5. Note 3.

2) Vergl. Burnell, p. 20. 3) Lass. IV., 108. 109; 571 ff.; 872. "Die älteste Inschrift," sagt Prof. Lassen p. 90, "gehört (dem dritten, obgenannten Könige) Pulakeši, dem Gründer der grossen Macht der Čâlukyas im Dekhan, und ist aus dem Jahre 411 der Aera des Šâlivâhana, oder 480-490 datirt". Es ist kaum glaublich, dass dieser Inschrift, welche ein Vermächtniss von einem Jaina an die Jainas ist (p. 98), das liñga beigefügt ist. Cf. Burnell p. 75 Pulakeši war insofern brahmanisch, dass er, nach dieser Inschrift, ein vedisches Pferdeopfer veranstalten liess; das Opferpferd hiess Čirakaṇṭha d. h. Langhals (97. 98). Durchliest man die Darstellung der Čâlukyas bei Prof. Lassen (95 seq.), so bekommt man nicht den Eindruck, dass sie Phallus-Verehrer gewesen seien.

derartigen Untersuchungen muss aber immer noch in Betracht kommen, dass eine ehrenhafte Erwähnung des Vishṇu oder Šiva in einer Urkunde von vornherein noch nicht dazu berechtigt, den Aussteller derselben als einen Vaishṇava oder Šaiva zu betrachten[1]; und sehr weit zurückgehenden Sagen darf nicht der geringste Glaube geschenkt werden.

Wir rechnen hier vorneweg den Šivaismus zur Religion der Brahmanen. Der ursprüngliche Šivaismus aber scheint offenbar den Liñgaismus nicht einzuschliessen, wie denn auch von Prof. Lassen in dem Abschnitte, dem die Notizen entnommen sind, welche die Verbreitung auch des Šivaismus in der bezeichneten Periode angeben, der Liñga-Dienst nicht namentlich mit ihm verknüpft ist (ausser in einem kleinen Reiche Magadha's während des 9ten und 10ten Jahrhunderts und in Kalyâṇa in einer nicht näher bestimmten Periode, die aber wohl nach 489 liegt). Merkwürdig ist, dass im 10ten Buche des Taittirîya âranyaka Rudra noch neben Mahâdeva oder Šiva (ohne liñga?) erscheint[2]. In dem bekannten Wörterbuche des bauddha (jaina?) Amarasiṁha, der irgendwo zwischen den Jahren 56 a. Chr. und 500 p. Chr. anzusetzen zu sein scheint[3], kommt kein Beiname des Šiva vor, der diese Gottheit mit dem Liñga in Verbindung setzte[4]; Amarasiṁha giebt denn auch dem Worte "liñga" nicht die Bedeutung von verehrtem Phallus[5]. Ebenso bemerkungswerth ist es, dass, nach der interessanten Übersicht des Mahâbhâshya von Prof. A. Weber im 13ten Bande der Indischen Studien, in diesem Werke des Patañjali der epische Götterkreis, mit Šiva und Vishṇu an der

---

Pag. 105 bemerkt Prof. Lassen über Someśvara I., der zwischen 1040-1069 p. Chr. fällt (siehe Burnell p. 17): "Dieser König war zur Lehre der Jainas zurückgekehrt, welcher sein berühmter Vorgänger Pulakeśi und mehrere Nachfolger desselben gehuldigt hatten". 1) Vergl. Ind. Ant. IV., 107; die Einleitung zu unserer Ausgabe von Nâgavarma's Kannada Prosody p. XXI. ff., und den König Bijjaḷa im Essay daselbst; auch Ind. Ant. III., 306 (Kalyâṇa Čâlukya). 2) Weber Ind. St. XIII., 347; II., 191; Burnell, p. 29. 3) Lass. II., 1155; IV., 633; Goldstücker's Dictionary s. v. 4) Vergl. Lassen I., 783; oben p. 1. 5) Einfach: liñgaṅ čihna-śephasoḥ (Merkmal und Geschlechtsglied), 3, 4, 3, 26; yoni (weibliche Schaam), 3, 4, 14, 75.

Spitze, hervorsticht, auch Götterbilder und Gemälde aus der Göttermythe genannt werden[1], und es offenbar eine poetische Bearbeitung der Mahâbhârata Sage in irgend einer uns unbekannten Form voraussetzt, Îśvara's Phallus aber nicht erwähnt wird. Patańjali lebte zwischen den Jahren 140 a. Chr. und 60 p. Chr.[2]

Nach dem Sanscrit Wörterbuch von St. Petersburg hat das Wort liñga die Bedeutung von penis zuerst in einer nach Prof. Roth fraglichen Stelle des Nirukta (Yâska's Vedânga Werk)[3], in Manu und andern Gesetzbüchern, die nach den Vedâñgas fallen[4], im Amarakosha etc.; die Bedeutung von Phallus als Śiva's Emblem dagegen zuerst im Sauptika (X), Śânti (XII), und Anuśâsana (XIII) Parva des Mahâbhârata, und im Uttarakâṇḍa (VII) des Râmâyaṇa. Die bezeichneten Stellen der beiden Epischen Gedichte, welche letztere, ganz im Allgemeinen gesprochen, nach den Dharmaśâstras verfasst wurden[5], gehören ausserdem nicht zu den älteren Theilen derselben, besonders auch noch in dem Falle, wenn, wie es scheint, das Nichtvorkommen des Śiva-Phallus im Mahâbhâshya eine unumstössliche Thatsache ist. Zur Abfassungszeit der jetzigen Purâṇas, deren Grenzen zwischen dem 8ten und 13ten Jahrhundert liegen[6], war der Liñga-Kultus im Schwange[7].

Auf der Ostküste war im Tŏṇḍai-nâḍu, das zu Draviḍa gehört, im 7ten Jahrhundert (c. 640 p. Chr.) Kańči die Hauptstadt[8]; dort residirten die Pallavas, da von ihnen Inschriften

---

1) P. 344 ff.; 469; 489. 2) Pag. 319. 3) II., 8. Prof. Roth, der Herausgeber (1852), denkt (p. XV), dass Pâṇini nicht älter sei als Yâska; vom Pâṇini vermuthet man er habe etwa 350 a. Chr. gelebt (Burnell p. 6. 7); Patańjali, der Verfasser vom Mahâbhâshya, kennt Yâska's Nirukta; Weber, Ind. St. XIII, 397. 398. 4) Siehe z. B. Manu II, 141; IV., 98; cf. Burnell p. 74. 5) Das Mahâbhârata bestand, wie es selbst sagt, zuerst aus 8,800 Versen; jetzt aber enthält es 100,000. Auch in seinen ursprünglichen Theilen, dem Kampfe der Kurus und Pańčâlas (Pâṇḍus), reicht seine Abfassung nicht höher hinauf als bis auf die Zeit, da die baktrischen Griechen im Pańjâb regierten; andere Theile stammen aus der Zeit p. Chr. (Weber on the Râmâyaṇa p. 48. 71). 6) Lass. IV., 599. 633. 7) IV., 628. 8) IV, 232; Burnell p. 29. Patańjali kennt Kâńčipura, und den König Čoḷa und Korala, Weber, Ind. St., XIII, 371. 387.

bei Kańči-vara vorkommen. Gegen das Ende des 7ten oder Anfang des 8ten Jahrhunderts gerieth Tŏṇḍai-nâḍu unter die Čoḷas[1]. Im Jahre 777 p. Ch.. noch errichtete eine Tochter eines Pallava (Unter- oder Ex-)Königs einen Jaiṇa-Tempel im Norden von Šrîpura[2]. Die "Sieben Pagodas" bei Kańči zeigen einen bauddha-jaina Ursprung, und stammen etwa aus dem 5ten Jahrhundert; einer der Tempel jedoch wurde nach einer darauf befindlichen Inschrift ohne Datum (aber nicht älter als das 8te Jahrhundert) von einem (Ex?) Pallava-Fürsten für den Šambhu oder Rudra erbaut; doch wird in der Inschrift, soweit sie erhalten ist, das Liñga nicht erwähnt[3]. Im Draviḍa Lande aber, dessen Hauptstadt eben Kańči war, gab es im 7ten Jahrhundert viele Nirgranthas (d. i. Jainas), und gegen 80 brahmanische devâlayas; die Bauddha Religion war indess auch noch in grosser Blüthe[4]. Nördlich von Draviḍa, im Čoḷa Lande (wie der Berichterstatter, der Buddhist Hiuen Thsang von c. 640 p. Chr., sich ausdrückt), stand es damals um Land und Leute schlecht; die buddhistische Religion bestand dort kaum noch; die Brahmanen hatten etwa 10 Tempel; es gab auch viele Nirgranthas[5]. Im Norden von Čoḷa, in Ândhra, welches Mahâ-ândhra oder Dhanakačheka hiess, war damals der Buddhismus über die Blüthe hinaus; die Zahl der (brahmanischen) devâlayas belief sich beinahe auf 100, und die Anzahl der Nicht-Buddhisten war ausserordentlich gross[6]. Weiter nördlich in Ândhra (dem obern Tĕlugu) mit der Hauptstadt Veñgi fanden sich um dieselbe Zeit nicht viele Bauddhas (da ungefähr um das Ende des 5ten Jahrhunderts die dortige buddhistische Dynastie gestürzt worden war, siehe oben p. 17; cf. Ind. Ant. I, 348); es waren dort gegen 30 brahmanische Tempel und nur etwa 20 buddhistische sañghârâmas; mehrere Sekten hatten zahlreiche Anhänger[7]. Einem Šivârya (d. h. Šiva-vipra oder Šiva-brâhmaṇa, der vielleicht ein Ârâdhya Brâhmaṇa war) begegnen wir in einem Vermächtnisse der Čâlukyas vom

1) Burn. p. 27. 30. 2) Ind. Ant. II, 155 seq. 3) Burnell p. 29. 30. 4) Lass. IV., 233, verglichen mit Burnell p. 12. 39. 5) Lass IV., 231. 232. 704. 705. 6) IV., 16. 704. 7) IV., 15. 704; cf. Burnell p. 14.

Jahre 610 p. Chr.[1]; und Mâhešvaras, d. i. Anhängern des Mahešvara, in einem Vermächtnisse der Valabhî-Könige v. J. 294 (?) p. Chr.[2] Mit Bezug auf die Čeras siehe p. 18, Anmerkung 1; in zwei Čera-Vermächtnissen, aus den Jahren 466 und 777 p. Chr., an Jaina-Tempel, wird Nârâyaṇa und Tryambaka genannt[3]; wir fügen noch hinzu, dass wir eine Stein-Inschrift der Kŏṅgu oder Čera Dynastie besitzen (das Datum ist leider beschädigt), welche eine Landesschenkung an einen Jaina Tempel (Basadi) in S. O. Theile des Kŏḍagu Ländchens ist; im 9ten Jahrhundert fiel Čera an Čoḷa[4]. Die Kâdambas von Govâ und Banavasi[5], einer Stadt die dem Ptolomaios schon bekannt war, scheinen sich im Jahre 1187 p. Chr. zuerst als Šaivas zu beurkunden[6]. Im Bĕḷugâvu (Vĕḷugrâma) und Sâvandatti (Sugandhavarti) Distrikte des Karṇâṭaka Landes wurden von den Raṭṭas zwischen den Jahren 876-1206 p. Chr. fünf Jaina Tempel theils gebaut, theils beschenkt[7]; dagegen wurden ebendaselbst zwischen den Jahren 1219-1230 unter den Raṭṭas vier Liṅga-Tempel erbaut, je einer für den Habbešvara, Mâṇikešvara, Siddhešvara und Mallikârjuna; der Liṅga des vierten wurde vom Šrîšaila (einem Berge im Karnûl Gebiete) hergebracht[8]. Im Dhâravâḍa District in dem Städtchen Gadugu finden sich zwischen den Jahren 1062-1213 verschiedene Liṅgas[9]. Die muhammedanischen Eroberer Indiens trafen das Liṅga in vielen Gebieten Hindusthâna's an; auch in dem im Jahre 1026

1) Journal of Bombay B. R. A. S., Vol. X., No. XXX., 1875, p. 366. Vergl. Nâgavarma's Prosody p. LVI, wo ein Fragezeichen nach Ârâdhya Brâhmaṇa stehen sollte, und Basava Purâṇa cap. 50; Germann, p. 271, Note. 2) Ind. Ant. IV., 106. 3) Ind. Ant. I., 364; II, 159. 4) Burnell p. 28. 5) Nâgavarma's Prosody p. XXXI. 6) Ind. Ant. I., 157. 158. Lassen IV., 167. Über Mayûravarma's Familie siehe Lass. IV., 110. 111; über die Stellung der Kâdambas etc. zu den Kalyâṇa Čâḷukyas Burnell p. 43; sie scheinen den Saptakoṭîšvara verehrt zu haben, Ind. Ant. III., 194. Nach einer Inschrift von 1083 p. Chr. (?) gab es Verehrer des Hara, ohne den Beisatz von Liṅga, im Kallâḍigi Distrikte, Ind. Ant. I., 88. 7) Journal of Bombay B. R. A. S., 1873-1874, No. XXIX., p. 168 seq.; cf. Lassen IV., 110. 8) Ebendaselbst p. 175 seq. Der Âčârya des Mallikârjuna-liṅga wurde in Jahre 1229 p. Chr. Liṅgayya of Bĕḷḷaṭagĕ, ein šuddha-šaiva-mârgi (p. 179. 285). 9) Ind. Ant. II., 296 seq.

von ihnen zerstörten Tempel in Somanâtha auf der Halbinsel Surâshṭra befanden sich 12 grosse Liñgas[1]. Nach der grossen Wiederauflebung der Šaiva Sekten im 14ten Jahrhundert (bei der auch viele Smârtas exclusive Šaivas wurden) ist eine Figur des Liñga das Hauptobject in Inschriften[2].

Aus den obigen Angaben, ausser denen uns keine wichtigen in Erinnerung sind, geht wohl mit einer gewissen Bestimmtheit Dreierlei hervor: dass wenigstens bis 140 a. Chr. der Šivaismus noch nicht mit dem Liñgaismus wesentlich verknüpft war; dass der Šivaismus von Norden nach Süden sich allmählig verbreitete, indem er Bauddhas und Jainas verdrängen half; und dass die förmliche und allgemeinere Etablirung des Liñga-Kultus in Indien, um vorsichtig zu reden, nicht vor

---

1) Lassen IV., 623. 2) Burnell p. 73. Über die Höhlen-Inscriptionen und Bilder siehe Lass. IV., p. 853 ff.; Burnell p. 12. 29. 30. Lassen schreibt p. 872: "Die Brahmanen sind anerkannter Weise in Beziehung auf den Bau von Felsentempeln die Nachahmer der Buddhisten gewesen; die Betheiligung der Šivaiten bei denselben erklärt sich aus dem Umstande, dass durch die Bemühungen Šañkarâčârya's seit der Mitte des 8ten Jahrhundert's der Šivaismus eine weite Verbreitung und viele Anhänger gewann". Wie Šañkarâčârya's Auftreten etwas anders zu fassen ist, siehe Burnell p. 29. Gegenwärtig sind freilich manche Šaivas unter den Smârtas. Im Periplus, aus dem 3ten Jahrhundert p. Chr., wird berichtet, dass in der Bucht beim Cap Kŏmár fromme Büsser, Männer wie Weiber, zu baden pflegten, um sich zu entsühnen; eine Göttin habe dort jeden Monat gebadet. Lassen I., 156; Burnell, p. 39. Schon im 2ten Jahrhundert war das Vorgebirge und die Stadt Kŏmária dem Ptolomaios bekannt. Im Tamil heisst der Ort jetzt Kumarî (oder Kanniyâ-Kumari), d. i. Jungfrau; Durgâ; Kâlî. Dem Accent nach wurde zu Ptolomaios Zeit das Tadbhava von Kumârî, d. i. Kumarî, noch nicht gebraucht. Ob Kumârî ursprünglich dort die Pârvatî, Šiva's Weib, oder eine andre Nymphe bezeichnete, ist fraglich. Dass zu Yâska's und Patañjali's Zeiten im Süden eine sanscritische Sprache da war, scheint keinem Zweifel zu unterliegen; nur frägt es sich, was hiebei unter dem Süden zu verstehen sei (cf. auch Weber, Ind. St. XIII. 365, Anm.). Yâska sagt (VI., 9), dass die Dâkshiṇâjas den Mann, der sein Weib durch Kauf erlangt hat, vijâmâtṛi, d. i. uneigentlichen Tochtermann, heissen (cf. Weber, Ind. St. XIII., 387). Patañjali bemerkt, dass die Dâkshiṇâtyas eine Vorliebe für taddhitas hätten, d. h. für Suffixe, welche aus den aus der Wurzel abgeleiteten Wörtern neue Wörter bilden; und dass sie sarasî für saras gebrauchten (Weber XIII., 317. 318. 365. 387); er sagt auch, dass die Čoḷas und Keralas ihren Königsnamen bloss durch den Singular des Volksnamens bilden; und Pâṇḍya komme von Pâṇḍu (Weber XIII., 371. 387).

dem 4ten Jahrhundert stattfand, obwohl er hie und da vorher betrieben worden sein mag, vielleicht schon von Sekten. Die älteste, uns bekannte, bestimmte Hindeutung auf besagte Verehrung in Süd-Indien würde sich in der Kalyâṇa-čâlukya Inschrift von Badâmi im Kallâḍigi Jillâ finden, welche im Jahre 578 abgefasst wurde, wenn sich das Wort Liñgešvaragrâma, auch ohne sein zweifelhaftes Beiwort, als richtige Lesart ergeben würde[1], wie es denn den Anschein hat.

Die direkte Einführung des Liñga-Dienstes in den Kultus des Brahmanismus datirt sich also aus der Zeit, in welcher dieser mit dem Buddhismus und Jainismus um seine Existenz zu ringen hatte, im Norden und mehr oder weniger im Süden. Den Gegnern musste scheinbar ein solcher Dienst eine weitere Waffe in die Hand geben, da sie ja den Brahmanismus, wenigstens zur Zeit des Maithila Brahmanen Kumârila bhaṭṭa im 7ten Jahrhundert, mit Hinweisung auf die liederlichen Götter bekämpften[2]; die brahmanischen Partheigänger scheinen sich aber im Ganzen nicht viel an solche Angriffe gekehrt zu haben, vielmehr mit Bezug auf ihren Šiva-Liñgaismus und den ihm ähnlichen Gopî-Kṛishṇaismus, im Verein mit Bilderdienst etc., der Sympathieen des abergläubischen und sinnlichen Volkes (beides ârisch und anârisch) gewiss gewesen zu sein; und in den bittern und blutigen Kämpfen, welche im 7ten und 8ten Jahrhundert auf die Vorträge, Schriften und Umtriebe des Kumârila bhaṭṭa und Šañkarâčârya (c. 650-700) hin entbrannten, siegte der Brahmanismus denn auch, indem er sich unter dem letztgenannten Führer dabei durch grössere, wenn auch nicht lange anhaltende, und mehr oder weniger wohl nur äusserliche Eintracht stärker machte[3].

1) Ind. Ant. III., 305. 2) M. Müller, S. L., 529. 3) Cf. Burnell, p. 12. 26. 29. 37. 82. Šañkarâčârya stammte aus Malöyâḷa; cf. B.'s Pahlavi Inscriptions, p. 14.

4. Sagen, welche für den nördlichen oder ârischen Ursprung des Liñgakultus sprechen.

Dass die Brahmanen den Šivaismus mit sich in den Süden brachten, nehmen wir wieder an, und es ist, so viel wir wissen, eine unbestrittene Thatsache[1]; es frägt sich hier nur, ob das auch für den später über ganz Indien mit ihm in Verbindung auftretenden Liñgaismus gilt, oder aber ob sie denselben unter den Anâryas im Süden vorfanden und sich aneigneten, und er sich so von Süden nach Norden verbreitete.

Führten die ârischen Brahmanen die Liñga-Verehrung aus dem Norden in den Süden ein? Bei dieser Frage im Allgemeinen dürfen wohl auch Sagen mit Bezug auf das Geschlecht der ursprünglichen Verehrer und die ursprünglichen Plätze des Liñga zu Rathe gezogen werden, weil sie doch manchmal den erfahrungsmässig richtigen Eindruck des Volkes an Ort und Stelle wiedergeben, soweit nemlich als es sich, in Indien besonders, nicht um Zeitbestimmungen handelt. Hier

---

1) Vergleiche hiezu noch Weber, Ind. St., XIII., 347. 376; und das Ansehen, das Kailâsa im Süden geniesst, z. B. nach Ziegenbalg p. 59. 60. Auf etwas sehr Interessantes müssen wir hier noch hinweisen. Es ist nemlich eine Thatsache, dass Išvara (d. i. der Starke, der Herr) und das Liñga im Tamiḻ Lande mit dem Ay, Ayya (d. i. Herr) identisch geworden sind (Ziegb. p. 51); dass Ayya (Ayyappa) aber in Kōḍagu ohne das Liñga und hauptsächlich als Gott des Waldes und der Jagd (cf. den Tamiḻ Ayyanâr, eine Plural Form von Ayya, Ziegb. p. 148 seq.), meistens mittelst brahmanischer pûjâris, verehrt wird, indem Einige ihn den Bhûtanâtha (Dämonen-Herr) heissen; dass dagegen Ayya oder Ayyappa in irgend einer Form niemals Gemeingut des Tuḷu Volkes geworden ist. Letzteres beweist wohl zur Genüge, dass diese Ayya-Gestalt von den Âryas geschaffen wurde, (d. i. nicht urdraviḍisch war), als sie den Šivaismus (Rudraismus) zu verbreiten suchten, und die Tendenz der Gestalt in Kōḍagu zeigt zugleich, dass der Liñgaismus anfangs nicht mit dem Šivaismus verbunden war. Der Kōḍagu Wald-Ayyappa wird durch eine beliebige Anzahl Steine dargestellt, welche an einer lichten Stelle im Walde auf einer Erdbank zusammengestellt werden. Er passt somit auf die drei Rudra-Steine (pariśrit), wie wir sie hier kurz heissen, beim vedischen Agniċayana. Die darauf bezüglichen, sehr bemerkenswerthen Ceremonien finden sich bei Prof. A. Weber, Ind. Studien XIII., 239. 245. 270-273; cf. 274. 277. 280. 285. 287.

tritt uns denn ârischerseits zunächst der Verfasser des Anušâsana parva's entgegen mit dem alten ṛishi Taṇḍi, der dem ṛishi Upamanyu auf dem Himâlaya die dem Herzen Brahmâ's entsprungene Kunde vom Liñga-Mahâdeva beibrachte[1]. Dies erinnert z. B. an das Wort des Verfassers des Bhâgavata purâṇa's, wenn er den "Šiva von Kailâsa" bezeichnet als "den Träger des Liñga, das von den Anachoreten (Âryas) sehr gewünscht wird" (liñgaṁ tâpasâbhîshṭaṁ)[2]; auch er dachte sich das Liñga als ein eigenthümliches Emblem seiner grossen Vorväter. Es wird genügen, wenn wir hier noch auf die nach dem Skânda purâṇa im Indian Antiquary[3] mitgetheilte Sage hinweisen, welche im Kŏppa tâlûk des Malĕ-nâḍu (d. i. Berg-Gegend) von Maisûr, mitten unter anârischem Aberglauben, spielt; nemlich 6 englische Meilen von Šañkarâčârya's Šṛiñgeri im Dorfe Kigga ist ein Tempel mit einem Liñga Namens Čandrašekhara, an das der Anachoret Ṛishyašṛiñga vom Mahâvishṇu gewiesen wurde, und in das er auch gieng; sein Vater Vibhâṇḍaka, ein Sohn des Kâšyapa, war schon in das Liñga des Malahânîšvara bei Šṛiñgeri absorbirt worden. Der Šiva-Fels in Tiručinâpaḷḷi soll von Kailâsa stammen[4]. Über des Râmešvara-liñga sagt die Legende, dass es von Râma aufgestellt worden sei, um die Sünde zu entsühnen, dass er den Râvaṇa erschlagen habe; ein weiteres Liñga zu Râmešvara sei zu gleicher Zeit durch den Hanumant von Kailâsa gebracht und von Râma eingeweiht worden[5]. Im Kŏñkaṇa Lande soll, nach dem Skanda purâṇa, Parašurâma eine grosse Menge Liñgas etablirt haben[6]; und nach demselben Sagenbuche errichteten die Sapta-ṛishis das Saptakoṭîšvara-liñga zu Narvem im Govâ Gebiete[7].

Berühmter aber als alle andern südindischen Liñgas, auch als Râmešvara, gilt den Leuten im Süden das nördliche Kâšî

---

1) Siehe oben, p. 8. 2) Muir, IV., 323. 3) II., 142; cf. II., 161. 4) Germann, p. 117. 5) Gazetteer of Southern India, p. 385; cf. Basava P. 54, 62. 68; Ind. Ant. I., 196. 6) Ind. Ant. III., 248; J. Bombay B. R. A. S., V. X., No. XXX., p. 347. 7) Ind. Ant. III., 194. Es ist dies Liñga vielleicht eins mit dem Mañgeša (=Hanumant's îša) der Sârasvataṣ in Govâ.

im Brahmâvarta. Kein Pilger sagt, er sei in Râmešvara und Kâšî gewesen, sondern in Kâšî und Râmešvara, wobei der grammatische Grund, Kâšî desshalb voran zu setzen, weil K dem R im Alphabete voran geht, dem gewöhnlichen Volke wenigstens, fern liegt. "Kâšî, Kâšî, Kâšî!" ist auch nach dem Dichter Šivavâkya das Loosungswort der Tamiḻ Leute[1]. Es giebt desshalb ein Tĕñ-kâšî (Süd-K.) im Tirunĕlveli (Tinnevelly) Distrikt; und z. B. Šivagañgâ im Madhurâ Distrikt und Hampĕ (Pampâ) am Tuñgabhadra werden Tĕñ-kâšî geheissen. Der (seiner gesellschaftlichen Stellung nach šûdra-liñgâyta) Verfasser des Kannaḍa Basava Purâṇa führt es mit innerer Befriedigung an, dass Vyâsa das Vyâseša-liñga zu Kâšî anbetete, und seine Arme verlor, als er vor dem dortigen Višvešvara-liñga den Vishṇu über den Šiva stellen wollte[2]. Das Vâlukešvara mâhâtmya erzählt, dass Lakshmaṇa dem Râma, als er auf seinem Zuge gegen Lañkâ war, jede Nacht ein neues Liñga von Kâšî brachte, und dass das, welches so nach Mumbay (Bombay) kam, Lakshmaṇešvara oder Vâlukešvara genannt wurde[3]. Wie im Allgemeinen für Vaishṇavas alles Gute von Dvârakâ kommt, so für Šaivas von Kâšî.

Von besonderem Interesse dürfte hier noch sein, was die Liñgâytas oder Basava-bhaktas, welche jetzt als Šûdras gelten, zum Theil weil sie eine antibrahmanische Sekte sind, in ihren lokalen Legenden vorbringen. Der Verfasser des genannten Kannaḍa Basava Purâṇa, das er nach einem Tĕlugu-Werke im Jahre 1369 p. Chr. vollendete, beginnt dasselbe mit folgender Sage, die er vom Šiva der Umâ erzählen lässt: In den früheren verschiedenen Zeitperioden verrichtete Šilâda[4] muni kräftige ascetische Übungen "in dem südwestlichen Theile des (oder vom)

1) Germann, p. 68. 2) Basava P. 54, 64; 57, 23. 24; vergleiche Čan. Basava P. 57, 65. 3) Ind. Ant. III., 247 ff. 4) Šilâda, nach dem St. Petersburger Wörterbuch, ist Vater vom ṛishi Udañka (Utañka, Uttañka, Uttañga); Šaillâdi aber ist ein Beiname des Nandi. Im 57ten Capitel des Čanna Basava Purâṇa, v. 2, wird gesagt, dass Šaillâdi (Basava) denen, welche bloss den Šaivâčâra beobachten aber kein ishṭa liñga am Halse haben, wenn sie nach Kailâsa kommen, ein solches bei der Thür hinbindet, und sie so zu Vîra-šaivas macht.

Šrîgiri"[1] (Šrîšaila), ass für dreissig Millionen Jahre Wurzeln, Früchte, die Strahlen von Sonne und Mond, und Wasser, und dann für tausend Millionen Jahre Steine von der Grösse der Senfkörner. Da erschien ihm Šiva, und gab ihm einen Sohn zum Lohne, nemlich das Gefährt des Âdišivaliñga, den Führer der mannigfaltigen Pramathas (Wesen in Šiva's Gefolge), den Âdinandi, welchen der Muni dann Nandikešvara nannte. Durch diesen wurde das Kshetra "im Theile der südwestlichen Himmelsrichtung des Šrîgiri" sehr berühmt, und erhielt den Namen Nandimaṇḍala. Später fordert Šiva den Nandikešvara, Šilâda's Sohn, auf, die Welt noch einmal zu reformiren, und verspricht ihm, er wolle in der Gestalt des guruliñga kommen, ihm die richtige Einsicht (sañkhyâ) in den Sinn des nija-tatva geben, mit der Freude seines prâṇaliñga in dem prâṇaliñga des Nandikešvara sein, und auch als jañgama in seiner Gemeinschaft sein Spiel treiben. Nandikešvara steigt dann mit seiner Schaar (gaṇa)[2] vom Kailâsa hinab "zum Lande der westlichen Himmelsrichtung des grossen Šrîgiri" in's Land Karṇâṭaka, welches der Sitz des nava-rasa heisst. Dort ist das berühmte Ingaḷešvara Bâgavâḍi[3], "welches der Grund für den Saamen der Šiva-bhakti

---

1) Šrîgiri ist ein Berg mit Tempel im Karnûl- oder Kandanûl-Lande (siehe oben p. 22 und vergl. Basava Pur. 58, 34); der Zug der Ghaṭṭas von Tirupati bis Šrîšaila heisst Karĕ-malĕ (Schwarz-Wald oder Berg), die Ghaṭṭas an der Kaḍapĕ Strasse aber heissen Kĕmpu-malĕ (Roth-Berg). Ein andrer Šrîšaila, dessen Name aber in der Volkssprache gewöhnlich Tiru-malĕ (Tiru=Šrî) ist, ist der vaishṇava Hügel von Tirupati (Vĕñkaṭa ramaṇa) in Ârkâḍu. 2) Vergl. Čan. Basava P. 57, 61. 95, wonach sie aus 770 Personen bestand. 3) Es giebt verschiedene Bâgavâḍis im Karṇâṭa Lande; der verstorbene Missionar Würth, der lange dort lebte, nahm an, es sei das gemeint, welches östlich von Bijâpura im Collectorate von Kallâḍigi liege. Die Schreibart Bhagavatî (statt Bâgavâḍi) bei Prof. Lassen (IV., 120) ist unrichtig, sowie auch das dortige Madhubaṭṭa und Madhigarâja; ferner erzählen die Jainas gewöhnlich, dass Bijjaḷa sich in die Schwester Basava's Nâgâmbĕ (siehe Nâgavarma's Prosody p. 138) verliebte. Über die Mörder Bijjaḷa's (nicht Bijala's), welche Jagadeva, Mŏllayya und Bŏmmayya hiessen, und Anhänger Basava's waren, werde hier bemerkt, dass sie auf Anstiften auch des Basava den Mord verübten (Basava P. 60, 68; 61, 6. 7.), und zwar als Bijjaḷa in der Nacht auf dem Throne sass und Audienz hielt (Bas. P. 61, 29 seq.). Das Čanna Basava Pur. fügt hinzu, dass die Drei ihm zuerst mit Fackeln in's râjâlaya hineingeleuchtet hätten (62. 23).

ist". Eine Perle unter den Ortsvorstehern (grâmaṇi) des weit ausgedehnten Freigutes (agrahâra), der Erste unter den Erdengöttern (d. i. Brahmanen) und die Sonne für den Lotus des herrlichen Šivaismus etc. war dort der Maṇḍigĕ Mâdi râja; sein Weib war Mâdâmbikĕ. Dieser Beiden Sohn wird Nandikešvara; und Šiva, die Gestalt des guru annehmend, befestigt während seiner Geburt schon das Liṅga an ihn, und giebt sich ihm kund als den Kûḍal Saṅgamešvara, der im Kappaḍi Saṅgamešvara-liṅga weile[1], d. i. dort wo der Malâpahâri in die Kṛishṇâ mündet. Der Sohn, Basava genannt, wird dann der Stifter der Liṅgâyta Sekte.

Ferner, der liṅgâyta Verfasser des Kannaḍa Purâṇa über Ćanna-basava, den Neffen des genannten Basava, der sein Werk 1585 p. Chr. vollendete, schreibt: Als Ćanna-basava seinem Freunde und Schüler, dem Siddharâma, Bericht gethan hatte über den sûrya-soma-anvaya und besonders über die Pâṇḍavas, welche ihre Verwandten tödteten[2], da bat Siddharâma, der Šaiva-siddhânti, den Herrn Ćanna-basava, den sadguru der Vîra-šaivas, ihm die Geschichte der šaiva Šaraṇas (in Süd-Indien) zu erzählen, was er denn auch that mit folgenden Worten[3]: "Ein Verehrer des Hari, der (ârische) König Indradyumna, legte den Hari in sein Herz, und dachte über ihn nach mit Sammlung des Innern. Da kam Agastya daher. Als er (der König) ihn nicht ehrenvoll empfieng, so gab er ihm aus Zorn einen Fluch, indem er sprach: 'Bösewicht! Weil du dich rasend betrugest, als ich kam, so werde als Elephant (kari) geboren!' Da ward der König ein rasender Elephant, und kam zu einem Teiche; ein Alligator, welcher darin war, fasste einen Fuss dieses grossen Elephanten mit seinen Zähnen. Da sagte er vor Furcht: 'Cupido's Vater (d. i. Vishṇu) errette!' Als Vishṇu mit dem Diskus des Alligator's Kopf abtrennte, kam er (der Elephant) aus dem Wasser heraus, warf sich mit Verehrung dem Hari zu Füssen, und bat um Erlösung. Er sagte: 'Das kann ich nicht bewerk-

1) Bas. P. I., 64—III., 28. Kûḍal bedeutet saṅga, d. i. Vereinigung. 2) Cap. 54. 3) Cap. 55, 2-7.

stelligen. Es giebt (aber) ein Liñga, welches Papageien, Schlangen und Apsarasen (karṇikĕ) Gaben dargereicht hat. Als der Schüler Guṇagarbha (Faden-Bauch) mit Freuden eine Spinne (jâḍa), die eifrig an einem Gliede seines guru Râjahaṁsa ihr Gewebe ausbreitete, nahm und zu Boden warf, sah er es, ward zornig, und fluchte ihm indem er sprach: Werde auch du zur Spinne! Um Erlösung zu erlangen, betet er nun stetig jenes Liñga an. Wenn auch du ohne Verzug dorthin gehst, und es anbetest, wird die Erlösung geschehen'. Solchen Auftrag gab Hari dem Elephanten, und als er so gesprochen hatte, gieng der grosse Elephant zu dem Platze, und zerstörte täglich, während er das Liñga verehrte, das Gewebe, welches die Spinne demselben opferte. Da kroch sie so aus grossem Zorne in dessen Rüssel, und biss ihm in's Gehirn. In demselben Augenblicke als der Elephant und die Spinne (dadurch) getödtet wurden, sprach Cupido's Vernichter (d. i. Šiva), der sich an der beiden Verehrung ergötzte: 'Was ist euer Wunsch?' Sie sprachen so: 'O Gott, gieb uns die Gnade! Nenne dich nach unserm Namen Tirukâḷahastîśa[1], gieb uns Gutglück, und behüte uns!', und warfen sich nieder. Da freute sich Abhava (Šiva), und sprach: 'He, Kari, werde du als Kari-kâḷa geboren! Kâḷa, werde du augenblicklich als Kaḷačañga geboren! Ich will euch ein recht stetiges Glück bescheiden'. Da wurden sie (die Thiere als Herrscher) in der Linie der Čoḷa Könige geboren" etc. (Von den Čoḷas wird vor Karikâḷa keiner genannt.)

In derlei Legenden, welcher sich ja noch manche anführen liessen, liegt nun auch gar Nichts, welches auf einen anârischen oder auch nur südlichen Ursprung des Liñga-Kultus hindeu-

1) Die Sage will also den Ursprung des Namens des Liñga in der Tamiḷ Stadt Kâḷahasti (Kâḷatti, Kûḷasti) geben; es scheint nach dieser Sage, welche am Anfange des Capitels steht, dass den Leuten im Karṇâṭa es so vorkam, als ob es im Tamiḷ Lande die ersten bedeutenden Liñgas im Süden gegeben hätte. Auch in der Fortsetzung der Erzählung erscheinen meistens nur Čoḷas. Die zwei genannten gehören zu den 63 grossen Šaivas der früheren Zeit; Kaḷačañga steht in Vers 17 der Aufzählung, welche Nijaguṇa yogi (cf. Nâgavarma's Prosody, p. LV.) giebt. Vergl. Ziegenb. p. 6. 53. 55.

ten würde, aber Viel, das ihn den Âriern und dem Norden zuweist. Hiebei ist noch zu erwägen, dass einige der Legenden, z. B. die des Anušâsana Parva, ja nicht so sehr lange nach der Zeit von der allgemeineren Etablirung des besagten Kultus in Indien entstanden, und desshalb um so eher etwas Wahres enthalten. Zudem würden brahmanenfeindliche Šûdra Autoren unter den Šaivas ja nur zu gern Leute ihrer eigenen Kaste für die Begründer des Liñgaismus angegeben haben, wenn es irgendwie angegangen wäre ohne Lügen gestraft zu werden. Der Inhalt der Legenden spricht desshalb für einen ârischen Ursprung oder ârische Einführung desselben in Indien.

5. Direkte und weitere indirekte Zeugnisse dafür, dass der Liñgakultus von den Âryas und nicht von den Anâryas in Indien ausgieng.

Dasselbe thut auch die Zeit, in welcher er allgemein in Gang gebracht wurde. Es war die Zeit, als das Kastensystem unter den Brahmanen in seiner ganzen Strenge bestand, und noch dazu gegen buddhistische Laxheit mit Bezug auf die Kaste sich zu wehren hatte. Es ist von vorn herein mehr als unwahrscheinlich, dass gerade damals die Âryas, wenn sie sich auch in jener Periode möglichst weit den anârischen Verhältnissen anbequemten, einen solch halsbrechenden Schritt gethan hätten, den Liñga-Kultus von den anârischen Šûdras zu adoptiren, die doch zu den Eseln gehörten[1]. Es wäre dies jedenfalls nur etwa denkbar, wenn er bei sonst brahmanisirten und einflussreichen anârischen Königsgeschlechtern der Šûdras damals als Urkultus bestanden hätte, worüber wir aber Nichts wissen.

Um gleich etwaigen Vermuthungen in dieser Beziehung vorzubeugen, bringen wir hier die Thatsache herein, dass nach geschichtlichen Zeugnissen noch im Beginn des 13. Jahrhunderts p. Chr. die anârischen Šûdras, und Hölĕyas (d. i. Unreine, die unter den Šûdras stehen) in Kalyâṇa unter

1) Pâraskara's gṛihyasûtra III., 15.

dem jaina-vaishṇava Könige Bijjaḷa I. als Klassen keine Liñga-Verehrer waren, der Stifter der liñgâyta Sekte aber, Basava, ein geborner Brahmane, auf Kosten seiner Kaste und seines Rufes, es darauf anlegte, ihnen dadurch, dass er sie zu solchen, respective Liñgâytas, machte, eine höhere Stellung in der Gesellschaft zu geben. Es wäre der Mühe werth, die hierauf besonders bezüglichen Capitel des Basava purâṇa[1] einmal ganz in wörtlicher Übersetzung zu geben. Hier nur ein wenig: Basava wird bei Bijjaḷa[2] verklagt von jaina und vaishṇava Widersachern, dass er den viprâčâra abgelegt, sich durch seinen intimen Umgang mit unbrahmanischen Leuten ganz gemein mache, und die Ursache geworden sei, dass die ganze Stadt unrein (hŏlĕ) sei. Bijjaḷa lässt ihn rufen, und tadelt ihn sehr, dass er die achtzehn varṇas[3] nicht in Ehren halte, und so Kalyâṇa verderbe. Basava hält eine lange Vertheidigungsrede, in welcher er unter Anderem sagt: "Im Anfang gab es zwei von den Vedas gelehrte Kasten (jâti), den Vartaka und den Nivartaka, den der Abhava's (Âdi-šiva's) Weihe ergeben ist, und den der Âdi-šiva's Weihe verleiht Da es nun von dem Veda verordnete Wege giebt, wozu dein Wort über jene kulas, die erst gestern entstanden? . . . Wie das Gold in der Hand des Unwürdigen ein Topfscherben ist, so kann dem Auge des Weltlings (bhavin) der Verehrer, der die Gestalt des unermesslichen Šiva's hat, nie als einer mit würdigem Geiste erscheinen . . . . Wenn Einer ein Hŏlĕya ist, und betet den Šiva an, so wird er zum Kastenmann (oder Brahmanen, kulaja); aber wie sollten die Hŏlĕyas mit der Schnur der Kaste, die Lügen redenden Hŏlĕyas, die (vom Baden immer) nassen Hŏlĕyas, die allerniedrigsten Hŏlĕyas der Hŏlĕyas (d. h. die Brahmanen, resp. Vaishṇavas) das Mass der Herrlichkeit der Šiva-Verehrung, (die wir haben), verstehen können?" Wir fügen bei, dass Basava's

---

1) 55 ff. 2) Prof. Lassen heisst Bijjaḷa einen Kalačuri Fürsten, indem er diese Form und auch Kulačuri (IV., 102) für richtiger hält als Kalabhuri (IV., 2. 119 ff. 622; cf. 107. 108); Kannaḍa Autoren schreiben jedoch den Namen stets Kaluburigi (das Culburga der Karten). 3) Cf. Lassen IV., 619.

Freisinnigkeit aus seiner Sekte längst zum grossen Theil verschwunden ist. Auf der andern Seite war Basava wieder unerbittlich streng gegen solche Anâryas, welche keine Šaivas waren, wie z. B. aus dem 58. und 59. Capitel des besagten Purâṇa's (v. 16 seq.) hervorgeht. Die Kabbilas, auch Beḍas (v. 36) und Billas (59, v. 53) genannt, nemlich wollten die Šaivas und Liñgâytas zu Kalyâṇa nicht anerkennen, und dennoch an den Gaben (prasâda) von Šiva an die Liñgâytas Theil haben. Basava, sagt das Purâṇa, zeigte ihnen dann thatsächlich, dass er und die Šaivas (und der welchem er sie geben will) auch Gift-Gaben mit grossem Genusse verzehren können, wobei die Kabbilas zitternd zuschauten. Er entliess sie leer, indem er sprach (59, v. 53): "Für den Haufen der Billas gilt diese Gabe nicht, heute und für immer! Ausser den Anhängern Hara's darf Niemand (solche Gaben) irgendwo berühren!" Die Tendenz des Basava purâṇa ist darzuthun, dass Basava das Privilegium der Âryas unmittelbare Liñga-Verehrer zu sein[1], auch auf die Anâryas ausdehnen, oder das Liñga zum Gemeingut Aller machen wollte, wenn auch meist aus sectirerischen Rücksichten. Es war der erste und letzte derartige Versuch[2].

---

1) Siehe z. B. Ziegenbalg, p. 270. 271. 274, No. 1.

2) Es gab vor Basava schon Brahmanen, welche das Liñga nebst der Opferschnur am Halse trugen; sie hiessen Ârâdhya Brâhmaṇas (cf. Lassen IV, 120; oben, p. 21. 22). Basava's Eltern sollen auch (nach dem Basavapurâṇasâra) zu ihnen gehört haben. Basava verwarf die Opferschnur, und begnügte sich mit dem Liñga. Es giebt noch Ârâdhyas hier und dort; wegen ihrer šivaitischen Abgeschlossenheit heissen sie auch Šiva-pâshâṇḍis. Herr Brown in seinem Wörterbuch sagt (s. v. Basavaḍu), dass die Liñgâytas in Tĕlugu sie bedauern, und einladen die Opferschnur abzulegen und sich ihnen anzuschliessen, weswegen diese keine Liebe zu den Liñgâytas hegen, da sie ihre Ansprüche auf den Vorrang verachten. Oben p. 18 wurde schon bemerkt, dass Prof. Lassen die alten Liñgadhâris oder Ârâdhya und die Liñgâytas verwechselt habe; Sena Vâsava, das derselbe für richtiger hält als Čĕnna oder Ćanna Basava (IV, 122. 622. 623), existirt nicht; Čenna (Čanna) bedeutet "roth, frisch, schön, jung"; Basava ist Vṛishabha, nicht Vâsava (auch so Lassen IV, 120); jañgama ist nicht gleichbedeutend mit liñgâyta, sondern bedeutet einen liñgâyta Bettel-Geistlichen. Diese Jañgamas sind keine Tempelpriester; sie und ihre Liñgas werden als wandelnde Liñgas selber vornehmlich verehrt. Wie die vaishnava Dâsas hatten und haben sie theilweise noch ihre Kâyakas (kâyikas) oder Arten von Bettel-Berufe, z. B. das kappara-kâyaka

Dass die Brahmanen den **unmittelbaren** Liñga-Kultus als ihr alleiniges Privilegium ansahen und noch ansehen, geht zur

---

(Almosengefäss-Beruf), wobei sie ein Gefäss aus einem Kürbis, Thon oder Metall herumtragen, und eine runde Platte aus Glockenmetall schlagen; das dhûpakâyaka, wobei sie in der Nacht zu den Häusern gehen, indem sie eine Lampe tragen und Weihrauch verbrennen; und das bŏbbĕ-kâyaka (Geheul-B.), wobei sie laut rufen, indem sie auf Dornen stehen, ihren Leib mit Messern ritzen, und auch wohl ein Glied abschneiden, wenn das Almosen nicht kommen will. Im Tamil̤ Lande heissen solche Jañgamas Vîramuṭṭis, in Tĕlugu und auch Kannaḍa Vîramushṭis; Herr Brown, im Tĕlugu-Wörterbuch, sagt von ihnen, dass sie mit Schwert und Schild bewaffnet und Luftsprünge machend bei Processionen vorausgehen. Ob die Âṇḍis unter den Tamil̤s, welche nach Rottler religiöse Bettler der Śaivas sind, Liñgâytas oder Ârâdhyas sind, kann ich nicht sagen; sie tragen das Liñga (Ziegenbalg p. 32, cf. 39). Die Liñgâytas waren zu ihrer Zeit sehr gewaltthätige, unduldsame Sektirer, und haben, wie ihre Schriften berichten, manchen Scheffel voll Zähne ihren Gegnern ausgeschlagen. Sie haben sich denn auch rasch nach Süden und Norden verbreitet, so dass Prof. Lassen schreiben kann (IV., 623): "Die Anhänger dieser Verzweigung der Śaiva tragen kleine kupferne oder silberne (besonders steinerne) liñga....Die Geistlichen dieser Sekte....wandern weit und breit im nördlichen Indien umher....Sie finden sich auch höchst zahlreich im südlichen Indien". Sie haben manche dichterische und anziehende Bearbeitungen von Geschichten, Legenden etc., und sind im Ganzen wohlhabend und oft reich; Prof. Lassen war hierüber irre geleitet (IV., 617). Basava, indem er die Opferschnur abschaffte, stand auch streng gegen blutige Opfer und überhaupt gegen Tödtung von Thieren auf, während doch sonst dem Śiva Thiere bei Yajñas und Balis (nicht in der Tempel-pûjâ!) geopfert werden (cf. auch Weber's Ind. St. XIII., 347). Mit Bezug auf diesen Punkt ist in Ziegenbalg's Werk Etwas unklar, das die Paṇḍâras (Paṇḍârams, wie er schreibt, wobei das m das Zeichen des Nom. Sing. ist) angeht. Nach Dr. Gundert ist Paṇḍâra ein śaiva Bettler, nach Rottler ein Anhänger der śaiva Sekte, nach Brown ditto, und nach Reeve eine Art von śûdra Priester unter den Tamil̤s und ein Anbeter des Śiva. Unter dem Worte Tambirân sagt Rottler, dass dieses ein Titel von śaiva Asceten sei, die sich durch Ehelosigkeit von den Paṇḍâras unterscheiden (also sanyâsis sind); und anderswo (s. v. mal̤ikkiṟadu), dass die śaiva Paṇḍâras das Kopfhaar abrasiren, während die Tambirâns es wachsen lassen und flechten; cf. I. A. IV, 168 ff. [Brown, so bemerken wir beiläufig, s. v. Tambal̤avâḍu, giebt an, Tambal̤avâḍu sei eine Klasse von Bettlern, welche Śiva anbeten und eine Trommel schlagen (tambal̤a kann Trommel bedeuten); und dann ein sekularischer Priester, ein Tempeler. "Diese Leute, sagt er, sind gewöhnlich Śûdras, aber tragen die h. Schnur (cf. solche Śûdras s. v. Kal̤iñga, und sonst die Pañcâl̤as). Sie geben sich zuweilen mit Zauberei ab. Sie gleichen den Eḍḍĕs, welche die Śakti verehren". Im Nachtrag sagt er: "Tambal̤avâḍu ist ein Mann einer gemischten Kaste, indem er von einer Brahmanin abstammt, welche Ehebruch mit einem Manne desselben Stammes getrieben hat. Ein Brahmane, welcher in den Tempeln Śiva's fungirt".] Da ich fern vom Tamil̤

Genüge daraus hervor, dass sie auschliesslich und überall in Indien alle Liñga-Tempel, welche nicht liñ-

---

Lande lebe, kann ich die dunkle Definition der Wörterbücher mit Rücksicht auf Paṇḍâra nicht klar machen. Über die Paṇḍâras sagt nun Ziegenbalg, dass sie sonderlich, nebst den (oben berührten) Âṇḍis, das Liñga tragen (p. 82). Hiernach wären sie entweder Ârâdhya Brâhmaṇas (?) oder Liñgâytas. Nach Ziegb. p. 89 haben sie mit den Âṇḍis eine einflussreiche, (aber unklare) Stellung; nach p. 151 (cf. 154) haben Brahmanen mit dem blutigen Opfer an Ayyanâr (Plural von Ayya) ausserhalb der Pagodas (auf dem Stein vor der Thüre) nichts zu thun, sondern es ist allezeit ein Paṇḍâra (Śûdra), der solches verrichten und in Empfang nehmen muss; auch alle übrigen Opfer, die dann und wann an gekochtem Reiss und andern Ess- und Trink-Waaren herzugebracht werden, nimmt dieser Paṇḍâra zu sich. Dieser Darstellung gemäss ist es sicher, dass in diesem Falle der Paṇḍâra kein Liñgâyta noch Ârâdhya ist, sondern einfach ein śaiva Śûdra, der besondern pûjâri Dienst thut für śaiva Śûdras, ohne Verbindung mit dem Liñga. Dasselbe ist zu sagen, wenn es p. 160 heisst, dass die Paṇḍâras als Priester bei den blutigen Opfern an die Ĕllamma (d. h. All-Mutter) zugegen sind, und die Köpfe der Thiere erhalten (Dr. Germann erklärt dort das Wort Paṇḍâra durch das unbestimmte, und hier auch unrichtige "ein śivaitischer Mönch", denn dieser ist doch wohl ein Liñgâyta (Jañgama); Paṇḍâra besteht aus paṇḍu+âra oder âṛa, und hat eine dem paṇḍita ähnliche Bedeutung); und auch wieder, wenn es p. 179 heisst, dass der pûjâri oder Priester an den Pagoden der Durgâ (soweit ihr blutige Opfer dabei gebracht werden) ein Paṇḍâra sei. Ich führe solche Sachen an, um zu eingehenderen Berichten aufzufordern; die Paṇḍâras sind offenbar ein Volksstamm, der in zwei oder mehrere Sekten zerfällt. Weitere Aussprüche Ziegenbalg's über die Paṇḍâras und Âṇḍis etc. sind: "Die öffentlichen Opfer (pûjâ) in den Pagoden verrichten in (nicht liñgâyta) Pagoden allein die Brahmanen, nur dass in den Pagoden der Grâmadevatâs auch Paṇḍâras und Leute von anderm Geschlecht zugelassen werden" (p. 270). "Śaivas sind diejenigen, welche kein Fleisch der lebendigen Thiere essen (dies gilt besonders auch von den Liñgâytas) und die da privilegirt sind, dass sie in ihren Häusern, in Gärten, an Teichen und Flüssen den Göttern Opfer bringen dürfen....welche sie in einem Opferkästchen (pûjai-pĕṭṭi) verwahrt haben: Liñga, Îśvara, Pârvatî" etc. (p. 273). "Die Śivapûjâ (als unterschiedlich von der Liñgapûjâ, p. 274) verrichten nicht allein die Paṇḍâras und Âṇḍis, sondern auch die Śaivas. ....Sie setzen alle die Figuren, die in Śiva's Pagoden sind, vor sich hin, als: das Liñga, den Îśvara, die Amma oder Pârvatî........(nach der pûjâ) nehmen sie....solche Figuren wieder hinweg und verwahren sie in dem Opferkästchen" (p. 275. 276). "Maṇiyâri-pûjâ. Ein Maṇiyâri hat fast einen eben solchen Bettelorden wie ein Âṇḍi. Er verrichtet auch sein tägliches Opfer vor dem Liñga auf gleiche Weise" (p. 281). "Mâyeśvara-pûjâ. Dies ist ein Opfer, das da in reichlichen Almosen besteht, die im Namen des Gottes Mâyeśvara ausgetheilt werden. Es pflegen einige in Folge eines Gelübdes oder aus Dankbarkeit gegen Gott 50—2000 Paṇḍâras und Âṇḍis zu sich zu rufen und zu speisen...

gâyta sind, als die ihrigen beanspruchen und bedienen, und sie von keinen Šûdras oder Hölĕyas betreten lassen. Dies ist eine in Indien sehr bald in die Augen fallende Thatsache[1]. Ebenso ist es bekannt, dass es, wie vaishṇava Šûdras (z. B. unter Webern, Kaufleuten und Bauern), so auch šaiva Šûdras giebt, welche letzteren nicht Liñgâytas sind, sondern, wie die ersteren dem Kṛishṇa, nur mittelbar durch die Brahmanen dem Îšvara (liñga) im Tempel oder sonstwo ihre Opfer bringen können[2]. Hieher lässt sich mit Bezug auf Šaivas und Vaishṇavas unter den Šûdras das Tamiḻ Sprüchwort stellen, das Dr. Germann (p. 160) citirt, (wenn die darin genannten Töpfer nicht ausschliesslich Liñgâytas sind): "Unter den Iḍais (den ausnahmslos vishṇuitischen Hirten) kein Âṇḍi (da der

Solche Paṇḍâras gehen vorher in ein Stift (liñgâyta maṭhaf), und verrichten daselbst für den Wohlthäter ihr Gebet und Opfer....Die Paṇḍâras verrichten dabei (bei dem Mâyeśvara-pûjâ) ihre Anbetung, und gehen demjenigen, der sie speist, den Segen" (p. 283). "Beim Varuṇa-pûjâ speisen die Könige viele. Brahmanen, und geben auch einer grossen Menge Âṇḍis und Paṇḍâras zu essen" (p. 285).—Ein besonderes Opfer der Šûdras in Karṇâṭa und Tĕlugu an ihre specifischen höheren Mächte, bei dem das Thier nicht durch Köpfen getödtet wird wie beim bali, ist das gâvu, wobei, wie Brown sagt, eine Ziege, oder ein Büffel, oder ein Huhn erwürgt wird; eing hender sagt Reeve, dass ein Schaaf vor dem Tempel auf einen grossen Haufen gekochten Reisses gelegt werde, worauf ein Mann, der sich als von der Macht (Durgâ, Bira etc.), der geopfert werden soll, besessen vorgiebt, hinzutritt, des Schaafes Hintertheil zwischen seine Füsse thut, seine Hörner ergreift, mit den Zähnen ihm die Gurgel zerbeisst, vom Blute trinkt, u. s. w. (cf. Ind. Ant. III., 6 seq.). 1) Siehe oben p. 11. 2) Die Marasa Ŏkkaligas (Vakkeligas ist bloss eine besondere Aussprache, und Vakkaligaru der Plural) z. B. sind theils Šaivas (keine Liñgâytas) theils Vaishṇavas, Ind. Ant. II., 50 52. [Die dort berührten Piččiguṇṭas (Piččiguṇṭadavaru = Piččiguṇṭa + da + avaru), auch Piččukuṇṭĕs oder Piččuguṇṭĕs genannt, sind eine Klasse von Bettlern; Brown heisst sie eine Klasse von Zigeunern.] Die Legende und der Name (Bhairava) bezeichnen ihr Liñga, das in irgend einem brahmanischen Tempel sein mag, von vorn herein als eine ârische Einsetzung; die drei Stücke Stein (siehe oben P. 25, Note) welche sie dem Šiva für das blutige Opfer aufstellen, sind natürlich nicht das Liñga.—Manche der śaiva (nicht liñgâyta) Okkaligas (Bauern), welche in Kŏḍagu als Knechte dienen, gehen ein oder zweimal im Jahre zu einem berühmten Tempel des Čâmuṇḍeśvara im Mâlsûru Lande, um ihm blutige Opfer zu bringen; sie bringen das Thier vor den Tempel, der brahmanische pûjâri legt einige Blumen auf dessen Kopf, und dann hauen die Bauern ihn ab. Bei andern Formen des Šiva, welche die Bauern verehren, z. B. der Nañjuṇḍeśvara (Giftesser-Îśvara) Form, wird kein Thierschlachten zugelassen. Gegensatz von gâvu und anderen blutigen Opfern (tâmasa-pûjâ) ist sâtvika-pûjâ.

immer šivaitisch ist), und unter den Kusavas (den ausnahmslos šivaitischen Töpfern) kein Dâsa (da der gewöhnlich als vishṇuitisch gilt)". Es gab aber eine Zeit, in der in ganz Indien gar kein Anârya ein Vaishṇava oder Šaiva (Laiñga, zunächst nicht Liñgâyta) war, obwohl Vishṇuismus und Šivaismus unter den Âryas im Norden und auch im Süden schon bestanden. Ein frappantes Beispiel hievon liefern noch heutzutage die Kŏḍagas (Coorgs) und ihre früheren Sklaven, die Kŏḍagu Hŏlĕyas; sie waren seit Langem von vaishṇava und šaiva Âryas umgeben, hatten auch eine liñgâyta Dynastie aus dem Karṇâṭa, (welche unter andern einen Tempel des Oṁkârešvara-liñga in Maḍikeri, d. i. Mercara, erbaute, welcher aber nicht liñgâyta ist, sondern ausschliesslich von Šivaḷḷi Brahmanen aus dem Tuḷu Lande bedient wird, und welche Jañgamas einführte),—dennoch sind sie als Volk immer äusserlich noch, was sie bei ihrer ersten Ansiedelung waren, d. i., zunächst verneinend, keine Vaishṇavas oder Šaivas (Laiñgas); die Selbständigeren unter den Kŏḍagas verachten die meisten der Brahmanen, welche unter ihnen wohnen (weil sie z. B. weniger reinlich sind, mehr an Hautausschlägen leiden etc.), thaten und thun ihnen aus Scheu aber doch manchen Gefallen; doch feiern sie z. B ihre Hochzeiten noch ohne ihren Beistand.

Einen Umstand, welcher wenigstens wieder indirect dafür spricht, dass der Liñga-Kultus von den Âryas eingeführt wurde, wollen wir hier noch einschieben ehe wir die gerade bezeichnete Urzeit näher in's Auge fassen, er ist der, dass der betreffende Kultus ausschliesslich einen ârischen Namen trägt. Das ârische "Liñga" (oder "Îšvara") ist das einzige gangbare Wort in Süd-Indien für den šivaitischen Phallus; die einheimischen Namen für penis lauten ganz anders, und spielen nicht herein. Zuweilen wird das Liñga, wie es scheint aus Sektenhass, Baṇdi deva[1], d. h. Stein-Gott, genannt, eine Benennung hinter der nichts Mysteriöses steckt.

1) Siehe z. B. Ind. Ant. II., 50; Bhaṇḍi, mit aspirirtem b, ist brahmanische Aussprache.

Vor dieser Zwischenbemerkung über den Namen ist also gesagt worden, dass es eine Zeit gab in Indien, in der auf der ganzen Halbinsel kein Anârya ein Vaishṇava oder Šaiva (Laiñga, zunächst natürlich nicht Liñgâyta) war, obwohl Vishṇuismus und Šivaismus im Norden und Süden des Landes damals schon bestanden. Diese Periode mag von nur kurzer Dauer gewesen sein; dafür aber, dass es wirklich eine solche gab (und sie könnte scheinbar ganz wohl um den Anfang der christlichen Zeitrechnung liegen), wurde schon der jetzige religiöse Zustand der Kŏḍagas und der Kŏḍagu Hŏlĕyas als Beweis angeführt. In dem Charakter dieser Periode nun muss der bestimmte Aufschluss über den Ursprung des Liñga-Kultus in Indien gesucht werden; es ist auch möglich, dieselbe uns noch genau genug zu vergegenwärtigen, nemlich dadurch dass wir einen Blick auf die anârischen Volksstämme werfen, welche als Stämme bis auf den heutigen Tag ihre alte Religion, oder besser ihren Aberglauben, bewahrt haben. Wir können in dieser Beziehung zunächst nur über die sogenannten Draviḍa Stämme mit Gewissheit berichten: sie waren ja aber auch allein die Urstämme, welche um die Zeit der Einführung des Liñga-Kultus den Âryas Achtung gebieten konnten. Mit Rücksicht auf die Draviḍa Familie aber ist es eigentlich schon genug, einen Stamm zu kennen; da uns bei allen im Wesentlichen das Gleiche entgegentritt, darf er ohne weiteres als Repräsentant aller gelten. Es scheint leider der Fall zu sein, dass bis heute noch wenig wirklich Eingehenderes über die indischen Urstämme im Allgemeinen erschienen ist[1].

---

1) Cf. die Berichte über Gonds, Kirkus oder Kurkus, und Bhondas, welche im Ind. Ant. (I, 54. 129. 349; II, 237) erschienen sind, in denen für den Leser die Namen der Stämme etwas zweifelhaft bleiben; cf. Germann p. 200; Murdoch p. V. Die Gonds, in I. A. I, 348 ff., wahrscheinlich Goṇḍas, worden mehr oder weniger im ganzen Gebiete der Sâtpuḍâ-Berge, südlich von der Narmadâ, gefunden bis nach Amarakaṇṭaka im Osten; die Kurkus dagegen sind ihre westlichen Nachbarn auf jenen Bergen, etwa bis Barhâṇpûr. Beide Stämme sind soweit brahmanisirt, dass sie es sich herausnehmen können zu behaupten, sie stammen von den Râjaputras ab. Die Sprache der Kurkus zeigt eine entschiedene Verwandtschaft mit dem Tĕlugu; (auch von den Goṇḍas weiss man, dass sie zu den Draviḍas gehören, cf. Murdoch, p. V.). Die Gonds haben zum grossen Theil ihren Urkult

Es frägt sich also, welche Art von Religion die Âryas unter den Anâryas vorfanden zur Zeit, als sie den Vishṇuismus und Šivaismus, zunächst getrennt vom Liñga-Kultus, in Indien ausbreiteten, oder specieller, ob die Anâryas damals Verehrer des Liñga waren. Der Schreiber dieses knüpft hier, um von vorneherein ganz sicher zu gehen, seine Bemerkngen darüber zuerst wieder an die beiden draviḍa Urstämme, unter denen er gerade jetzt lebt, nemlich an die eigentlichen Kŏḍagas, und an die Kŏḍagu Hŏlĕyas, welche seit Menschengedenken als ihre Leibeigenen mit ihnen zusammen lebten. Trotz aller fremdartigen Elemente, von denen sie umgeben waren und sind, haben beide als Volk, wie oben bemerkt, ihre alten religiösen Ideen und Gebräuche bis auf den heutigen Tag bewahrt; und diese beziehen sich einzig und allein auf den Dienst der Kâraṇas d. i. Geister ehrenhafter Vorfahren (welche die Hinterbliebenen nicht belästigen, wenn sie von Zeit zu Zeit gefüttert werden) und der Kûḷis d. i. bösen Geister,[1] welche letzteren ursprünglich wohl nur die abgeschiedenen Seelen von menschlichen Bösewichten bedeuteten. Es ist keine Spur des Phallusdienstes in der specifischen Religion der zwei Stämme vorhanden. Wenden wir uns von ihnen zu ihren Nachbarn, den Tuḷus, in Süd- und Nord-Kannaḍa (Caṇara), so finden wir dort ganz dasselbe Factum, wobei uns natürlich nicht die Tuḷu-Brahmanen angehen, sondern bloss die Baṇṭas (die jetzigen Bauern) und Billavas (oder Biruvĕs, die jetzigen Palmweinzieher); auch sie haben den Dienst solcher abgeschiedenen Seelen, welche als böse Geister nicht zur Ruhe kommen und Kuḷĕs[2] heissen, wobei es fraglich ist, ob die Bhûtas,

---

bewahrt, und man sagt von der niedersten Klasse derselben, dass sie auch den Schweinemist verehre; die Kurkus dagegen haben (jetzt, aber hatten ursprünglich gewiss nicht) den Liñga-Kultus. 1) Cf. Ind. Ant. II., 47 ff.; II., 168 ff. Wenn Kâraṇa ein Sanscrit Wort ist, so wäre ârischer Einfluss irgendwie in den Vorfahren-Dienst der Kŏḍagas eingedrungen. Auch in Malĕyâḷa ist káraṇa=Haupt der Familie. 2) Mit Kurzem u; das finale ĕ ist Zeichen des Nom. Masc., so dass das Wort im Kannaḍa Kuḷa, und der Nom. Masc. Kuḷan heissen würde. Das Wort scheint desshalb von der Wurzel Kuḷ, sich setzen, herzukommen; Kuḷĕ, wie Kûḷi, würde dann ursprünglich heissen: einer der (auf Etwas oder Jemanden) sich setzt. Im Tamiḻ und Malĕyâḷa ist Kûḷi die gebräuchliche Form.

welchen sie opfern[1] und welche manchmal für geschaffene Dämonen gelten, anfänglich von ihnen verschieden waren, da noch heutzutage dieser Unterschied nicht streng durchgeführt und festgehalten wird[2]. Einige specielle Namen der dämonischen Gebilde bei den Tuḷus und den zwei Stämmen von Kŏḍagu sind gleich. Was über diese drei Stämme gesagt worden ist, gilt im gleichen Masse von den Malĕ-kuḍiyas, d. i. Wald-Häuslern (wahrscheinlich eins mit den Malayas d. i. Wäldlern der Malĕyâḷas), welche in den Wäldern am westlichen Fusse der Kŏḍagu Berge wohnen[3]. Im Osten an die Tuḷus anstossend finden wir ferner eine Abtheilung der Karṇâṭakas an den östlichen Ghaṭṭa Abhängen im Malĕnâḍu oder Bergdistrikte von Maisûru; sie weichen, soweit sie im Urzustande geblieben sind, nicht von den Kŏḍagas und Tuḷus ab, was ihre Religion betrifft; aus dem Artikel über sie im Indian Antiquary[4] geht hervor, dass sie im Bidarûru oder Nagara Distrikte sicherlich drei Bhûtas mit diesen gemein haben: Čâvuṇḍi (Čâmuṇḍi, Čauṇḍi, Tod-Herrin oder Tod-Behälter)[5], Pañjuruḷi (Schwein-Reiter), Kalluruḷi (Stein-Reiter); sie holten sich auch, nach dem Artikel, ihre Steine zur Bezeichnung der Bhûtas und ihrer Plätze früher manchmal von Kuḍuma (Dharmasthaḷa) im Tuḷu-Lande[6]. Was wir über den

---

1) Cf. Germann p. 188. 2) In ihrem Bhûta und seiner Stellung steckt wohl Ârisches: auch Jainas und Brahmanen (Landbauer) im Tuḷu Lande treiben den Bhûtakultus, wie ja auch überall in Indien. 3) Cf. Germann p. 189. 4) I., 282 seq. 5) Čaṇḍin, s. v. Čâmuṇḍâ im St. Petersburg Lexicon, giebt freilich eine andere Ableitung, welche wir aber nicht adoptiren können: yasmâč čaṇḍam ča muṇḍam ča gṛihitvâ tvam upâgatâ | čâmuṇḍeti tato loke khyâtâ devi bhavishyasi ‖. 6) Von dem Karṇâṭaka Volke, ausser etwa mit Rücksicht auf die Sprache, und von seinem Urkulte im Allgemeinen lässt sich in unsern Tagen nur schwer reden, da es viel fremdes Blut und fremde religiöse Elemente in sich aufgenommen hat, in der That zum grossen Theile mehr oder weniger brahmanisirt ist. Doch liesse sich vielfach als unteres ursprüngliches und allgemeines Stratum der Religion der Dienst böser Geister wohl noch nachweisen, unschwer besonders bei den Hŏlĕyas (Tamiḷ: Pulaiya oder Pulla, Malĕyâḷa: Pulaya; cf. z. B. Ind. Ant. II., 65), und unter diesen noch speciell bei den Mâdigas (Schuhmachern) und Medas (oder Medaras, Korbmachern). Die Hŏlĕyas sind balagayyar, d. i. Leute der rechten (besseren) Hand; die Mâdigas im Besondern aber ĕḍĕgayyar, d. i. Leute der linken Hand; cf. Ind. Ant. II., 50. Die Medaras finden sich

Urkultus der Bewohner von Malĕyâla (Malayâḷa) aus eingezogenen Erkundigungen ersehen konnten, läuft für dieselben auf den gleichen Dienst von bösen Geistern hinaus. Wir führen hier auch folgende Notiz vom Herrn H. Baker, jun., an, über einen Bergstamm in Malĕyâḷa[1], die, wenn sie auch nicht direkt auf das Liñga Bezug nimmt, zeigt, dass wir den Kultus desselben auch dort nicht zu suchen brauchen: "Einige hundert Leute der Berg Arayas sind eifrige Christen geworden. Diese Arayas sind die Urbewohner der Berge, und halten sich auf den westlichen Abhängen der Ghaṭṭas auf. Sie sind keine Hindus (in ihrer Religion), sondern Anbeter von Teufeln (Pe), von denen sie wähnen, dass sie in gewissen Bergspitzen wohnen. Sie verehren auch die Geister ihrer Vorväter, welche den Cairns (eine Art alter Gräber) und Hainen zugewiesen werden". Ähnliches lässt sich auch von den Tŏdas sagen, dem draviḍa Stamme, der sich zuerst auf dem Nîlagiri ansiedelte (nach einem jetzt verschwundenen andern Volke, welches die dortigen Cairns baute), mit dem bestimmten Zusatze, dass das Liñga nicht von ihnen verehrt wird. In den Wäldern der West Ghaṭṭas, südwestlich von den Paḷani Bergen, wohnt ein ungenannter draviḍa Stamm, der auch die Wälder von Pey-malĕ (Teufel-Berg), eine engl. Meile westlich von Šrîvilliputtûru, zu besuchen pflegt; er war lange unbekannt, bis es sich vor einigen Jahren erwies, dass seine Glieder auch Anbeter der Peys d. i. Teufel waren[2], somit ihre Religion auch in die Klasse der vorhin erwähnten Stämme gehört. Die Tamiḻ Sâṇâs oder Ċâṇâs[3] haben als Volksstamm noch jetzt ihren

---

unter gleichem Namen auch im Tĕlugu und Tamiḻ Lande. Im Tamiḻ Lande haben Schuhmacher (ċakkaliyas), Lederarbeiter (ċammâṛas) und Schneider (taiyaṛkâṛas) den allgemeinen Namen Pŏllas (d. i. aber: die Näher). Paṛaiyas (wörtlich: Trommler), bei den Tamiḻs und Malĕyâḷas, die sogenannten Pariahs (nicht zu verwechseln mit der Tamiḻ und Malĕyâḷa Fischerkaste etc., den Paravas, obwohl letztere zu ihnen gerechnet werden mögen), sind gleichbedeutend mit der Hŏlĕyas oder Pûlaiyas.

1) Proceedings of the South India Missionary Conference, 1858, p. 68.

2) Madras Times, April 23, 1875.

3) Shanars, wie man gewöhnlich schreibt, ist Sâṇâ + r (dem Affix des Nom. Pl.) + s (Englisches oder Deutsches s des Plural). Vergleiche hiezu die Marraver (Germann p. 188), welches den Plural von Maṛava repräsentirt. Die Maṛavas entsprechen den Kannaḍa Beḍas (d. i.

Dämonendienst, und waren und sind keine Liñga-Anbeter[1]. Dasselbe gilt von den mehr oder minder wilden Stämmen, welche wir hier noch aufzählen: **Kuṛubas**[2] oder **Kuṛumbas**

Erschläger) und waren wie sie ursprünglich Jäger und Krieger; die Bēḍas sind jetzt Landbauern, und zum Theil brahmanisirt, z. B. nehmen sie Brahmanen zu ihren Hochzeiten. 1) Cf. Germann 188 seq. 2) Ausser unter dem Namen **Hâlu-Kuṛubas** (siehe oben p. 16) erscheinen sie auf dem **Hochlande** von Maisûru etc. noch als **Kambaḷi-Kuṛubas** (Wollene Decke-K.), Hŏsa-K. (Neue-K.), Haḷŏ K. (Alte K.), **Haṇḍĕ** (Name eines grossen Ortes in Maisûru) K. Von einigen Kuṛubas auf dem Hochlande wird (ausser ihrem **Bîra**) der Mallâri oder Malhâri verehrt, den Prof. Lassen (IV., 265) erwähnt. (Die Wurzel **mal**, stark sein; ringen, kämpfen, scheint echt draviḍisch zu sein). Seine Geschichte wird uns im Kannaḍa Anubhavaśikhâmaṇi (Cap. 13) erzählt. Bei den Liñgâytas und Kuṛubas hat er noch den Namen **Mailâṛa**, aus dem, wie ich vermuthe, Mallâri erst später entstand; **Mailâṛa** (mailu + âṛa) bedeutet Schmutz- oder Pocken-Erzeuger, und gehört somit unter die urdraviḍa böse Geister. Die Geschichte aber, nach dem angeführten Werke, ist kurz folgende: Pĕrĕyâṇma (d. i. Grossherr) pflegte dem **Šrî Kṛishṇa** jeweilig tausend Lotusse für die Liñga-pûjâ zu bringen (siehe oben p. 8). Eines Tages holte er zweitausend, liess tausend in seinem Hause, brachte dem Kṛishṇa tausend, und am folgenden Tage die andern, welche er zurückgelegt hatte. Kṛishṇa zürnte ihm, dass er für den **Mala-hara** (d. i. Schmutz-Entferner, Šiva) diese unreinen (mailu) Blumen bringe, und flucht ihm, aus den mit Kṛishṇa's Saamen behafteten Kleidern der Gopîs geboren zu werden. Es geschah also zum Erstaunen der Gopîs, welche ihn **Mailâṛa** (hier: Schmutzfink) hiessen, und auf Geheiss des Kṛishṇa säugten. Er ward ein starker Junge, und von Kṛishṇa dem **Šiva** übergeben, der ihn zu seinem Schirmträger macht. Darauf kam der Riese Maṇi **Mallâsura** oder Malla rakkasa, und quälte die Götter. Kṛishṇa tödtet ihn, aber er kommt wieder zum Leben; wieder tödtet ihn Vishṇu, und wieder lebt er auf. Da ermüdet Vishṇu, und geht mit den Göttern zum Šiva. Dieser sendet den Mailâṛa, der ihn tödtet und zermalmt, und auch den Hund umbringt, in welchen die Seele des Riesen zu schlüpfen und das wiederbelebende Kraut (sañjîvana) für den Leichnam zu holen pflegte. Die Götter preisen ihn als **Mallâri** oder **Malhâri**. Als er nach Kailâsa zurück kommt, nehmen ihn Šiva's Schaaren (gaṇas) nicht auf, weil er durch seine Geburt, Todtschlag etc. unrein sei. Šiva sagt dem Maṇi Mallâri dann, er möge zur Erde gehen, dort von Hari und Aja bedient als grosser König leben, und alle niedrigen (kâku) Menschen sich zu Verehrern (bhakta) machen, gibt ihm Betelnuss zu essen, und entsendet ihn. Mailâṛa begiebt sich zum **Nîlagiri**, wo er seine Wohnung aufschlägt als **Mallâri râya**. Er heirathet Mâḷi, die Tochter eines **Kuṛuba** (welche dort Kuṛumbas heissen), und Gañgĕ, ihre Verwandtin, und regiert, indem Šrîramaṇa (Brahmâ) sein hĕggaḍĕ (Vormann) und Hari sein pradhâna (Minister) ist. Endlich machen sie alle eine grosse Liñga-pûjâ, zu der Šiva selbst kommt, und sie nach Kailâsa nimmt. Dies Liñga ist das **Mailâṛa-liñga**. — Nach Ind. Ant. II, 51 wurde ihnen von Šiva das **Kallĕ-liñga** zuerkannt (**kallĕ** ist ein grobes Netz, in welchem Kuṛubas ihre Küchengeräthe herumschleppen). Siehe

(Tĕlugu: Kuṟamas, kuṟajas) in den Wäldern von Kŏḍagu, Vayanâḍu, dem Nîlagiri etc.; Iṟavuḷas (Iruḷas) an den Abhängen des Nîlagiri etc.; Iḷavas (Ĕravas) in Kŏḍagu (wo sie, wie man sagt, des Gottesbegriffes überhaupt ermangeln) und Vayanâḍu; Enâdis im Nĕllûru Distrikt; Gondus oder Kodus in Gañjâm̃; und Beḍas in einem grossen Theile des Südens[1].

oben Seite 14. Wie weit diese neuen Geschichten auf eine jetzige Verehrung des Liñga unter den Kuṟubas im Hochlande sich beziehen, kann ich augenblicklich nicht bestimmen; aber gewiss ist, dass die Urreligion dieses weitverbreiteten draviḍa Stammes, wie sie noch jetzt unter den Gliedern desselben in den Wäldern der Berge vorhanden ist, nichts mit dem Phallusdienste zu schaffen hat; in den Wäldern dienen sie einzig den Manen und Dämonen, und stellen Leute aus ihrer Mitte zum opfern an. Die Kuṟubas (wenigstens zum Theil) stehen im Geruch der Zauberei, und man lässt sich gern von ihnen einen Segenswunsch zur Geburt eines Sohnes geben, und fürchtet sich sie zu erzürnen. 1) Ohne Zweifel gehören zu diesen Stämmen auch die oberwähnten Kŏragas (Kŏṟagas), welche unter zwei andern Namen (Kŏrača, Kŏṟava) auch in Karṇâṭa, Tĕlugu, Tamiḻ und Malĕyâḷa vorzukommen scheinen. Im Karnâṭa giebt es die Kŏračas, welche nach Reeve auch Kŏravas heissen, "ein Geschlecht, welches Berge und Wälder bewohnt, eine besondere Sprache spricht, und in seinen Sitten den Zigeunern gleicht; einige sind Matten- und Korb-Macher". Brown, s. v. Kŏrava, sagt: "Ein gewisser Stamm von Bergbewohnern;" und, a. v. Kŏrača: "Zigeuner, welche Korbmacher und berüchtigte Diebe sind;" (cf. sein ĕruku). Rottler erklärt: "Kuṟava (Koṟava) ist Einer vom Stamme der Korbmacher; ihre Weiber geben sich gewöhnlich mit Wahrsagerei aus den Händen ab." Nach Ind. Ant. III., 214 thun dies auch die Weiber der Kŏračas (Kŏračar ist der Plural); und nach Ind. Ant. II., 199 prophezeien auch die Weiber der Kŏragas (cf. gŏravati oben auf Seite 5). Letztere sind Draviḍas; über die Sprache der andern weiss ich jedoch im Augenblick Nichts anzugeben, nach ihrer Stellung in Malĕyâḷa muss sie Draviḍa sein (siehe unten). Der Gott der Kŏragas heisst Kâta oder Kâtta (Ind. Ant. III., 195 ist Kata ein Versehen); dies ist offenbar der Tamiḻ Dămon Kâttava (d. i. Wächter) oder Kâttân der Paṟiyas. Der Berg (=kuṟiččol)-Stamm der Draviḍa Kuṟiččiyas, welche im Vayanâḍu vorkommen, und zuweilen auch Kŏḍagu betreten, erinnern ihrem Namen nach an die Kŏračas. Dr. Gundert rechnet die Kuṟiččiyas und Kuṟavas (Kŏṟavas) zu den Kuṟumbas, welchem letzteren Worte er die Bedeutungen giebt: 1) Schaafhirt, 2) eine Kaste von Bergbewohnern, Kuṟiččiya, Kuṟava etc. S. v. Kuṟava sagt er: "Ein herumwandernder Stamm von Korbmachern, Schlangenfängern und Zigeunern, erbliche Feinde der Brahmanen; Klassen derselben sind: Kâkka Kuṟava (Krähe-K., eine niedrige Klasse, welche Krähen isst); Kula K., niedere pûjâris; Vĕli (=bali) K., Chiromanten; Uččn K. (Schmutz K.) etc." Der Kuṟiččiya Gott Malakâri (d. i. der Schwarze vom Berge) mag die Stellung von Ayyanâr oder Bhairava im Tamiḻ einnehmen; Dr. Gundert heisst ihn eine Jagdgottheit.

Dr. Germann sagt gewiss ganz richtig: "Der Dämonendienst war Landes-Religion nicht bloss in den Cânâ Distrikten und im Tuḷu Lande; sondern in der ganzen Peninsula, zum wenigsten so weit als das draviḍische Sprachgebiet reicht, welches hauptsächlich Tamiḻ, Malĕyâḷa, Tĕlugu und Kannaḍa begreift, findet sich bei den Bewohnern der Berge und Wälder überall dieselbe Religion mit ihren drei wesentlichen Zügen: Besessenheit, wilder Tanz, blutige Opfer".[1]

Es erscheint nun seltsam, dass je die Meinung entstehen konnte, der Liñga-Kultus sei von den anârischen Urbewohnern Indien's ausgegangen, da er doch denselben durchaus fremd ist, wo sie noch in ihrer Urheit vor uns stehen. In mit brahma-

---

1) P. 189. Über Dämonologie in Gujerat siehe Ind. Ant. II., 13. Einige draviḍische Dämonen, oder böse Geister, mögen hier angeführt werden. Bei den Kannaḍas, Tĕlugus und Tamiḻs finden sich: Potu (d. i. Männliches, besonders Widder; cf. Ziegb. p. 176, wo gesagt ist, dass Durgâ's Gesicht das eines Schaafes ist), mit dem Zusatze von râja oder appa (Vater); Ĕllamma (All-Mutter), welcher häufig die Basivis (Weiber des Basava) geweiht werden, d. h. Mädchen aus den Śûdras und Hŏlĕyas, die sich der Prostitution ergeben im Namen Śiva's und nach der unanständigen Ceremonie das Tâli, oder Ehe-Metallplättchen (cf. Ind. A. IV, 178), anlogen, als wenn sie wirklich verheirathet wären (eine Sitte, die übrigens durchaus nicht urdraviḍisch ist, wie schon die Namen anzeigen); und Čâvuṇḍi (Tod-Herrin oder Tod-Behälter). Bei den Kannaḍas und Tĕlugus: Kâṭaṇṇa (Älterer Bruder Kâṭa d. i. Waldmann) oder Kâṭreḍu (König des Kâḍu d. i. des Waldes, oder König Kâṭa); bei den Tĕlugus und Tamiḻs: Kâṭṭeṟi oder Kâṭeṟi (Waldes Höhe oder Hoheit) oder Kâṭreṇi (Waldes Königin). Bei den Tĕlugus und Kannaḍas: Mailâṟa (zuweilen: Mailâṟu; Blattern-Erzeuger). Bei den Tĕl.: Añkâḷu (Streit-Mann); bei den Tĕl. und Tam.: Añkâḷamma (Streit-Mann-Mutter). Bei den Kannaḍa und Tamiḻs: Jaṭṭiga (Jĕṭṭiga, Jaṭṭiñga, d. i. Ringer-Mann) oder Malla Jĕṭṭi (Starker Ringer, cf. Ind. Ant. I., 282); bei den Kan.: Jaṭṭavva (Ringer-Mutter). Bei den Kan. und Tam.: Kâḷa (Schwarzer) oder Kâḍu-kâḷ (Wald-Schwarzer). Bei den Kan.: Hĕṅjĕriya (Weib-Misshandler). Bei den Kan. und Tĕl.: Poleramma (Wilde Höhe-Mutter), Polakamma, Polamma (Wilde Mutter, = Durgâ; cf. Ind. Ant. I., 373). Bei den Tel.: Ĕkkalamma (Eber-Mutter), Kûṇalamma (Tanz?-Mutter), Gaṇṭalamma (Rachen-Mutter), Mallamma (Starke Mutter oder Ringkampf-M.), Mâ-Millamma (Mächtig Gebrüll-Mutter), Pĕddamma (Grosse Mutter). Bei den Kan.: Joguḷamma (Lallen-Mutter), Nâṅčâri (Schaam-Erzeugerin?), Malĕyamma (Berg-Mutter), Suñkalamma (Ansteckung-Mutter), Suggalĕ devi (Welkung- oder Erndte-Göttin), Huččagi- oder Huččañgi amma (Rasende Mutter, = Durgâ). Wir bemerken noch, dass das Wort Amma (Mutter) häufig als Bezeichnung für eine epidemische Krankheit (Pocken, Cholera etc.) gebraucht wird.

nischem Schutt bedekten Landestheilen mag freilich das Ursystem dem Auge des Europäers mehr oder weniger verborgen gelegen haben; es scheint uns aber, dass ein gewisses Vorurtheil zu Gunsten der Âryas (verbunden mit dem Missverständnisse hinsichtlich brâhmaṇa und liñgâyta Liñga-Tempel) vorneweg dasselbe blendete,—nemlich der Gedanke, dass von den Bhûsuras so etwas Widerliches wie der Liñga-Dienst nicht ausgehen könne, sondern den sogenannten Wilden zuzuschreiben sei. Aber ein solcher Gedanke sollte doch keinen rechten Halt gefunden haben; denn schon längst bekannt war ja z. B. die Bhûsura-Schöpfung der Šâkṭas[1], die eigentlich nur für Brahmanen war und ist, wie denn auch das Šyâmarahasya sagt[2]: "So lange das Bhairavîtantra (d. i. die Orgien in welchen Frauen die Bhaira oder Frau des Bhairava oder Vîra vorstellen) beobachtet wird, werden alle Kasten Brahmanen". Dass schon Opferakte in den Vedas direct mit dem Zeugungsprocesse verglichen wurden, war bis vor zwanzig und mehr Jahren wohl nicht so allgemein bekannt, um den Gedankengang der Forscher wesentlich zu beeinflussen.

Das Liñga ist offenbar das Emblem der zeugenden männlichen Naturkraft, worin, auch in Ermangelung direkter Zeugnisse, den ersten europäischen Forschern, da sie doch um den Dämonendienst der untern Schichten der Bevölkerung wussten, ein weiterer Grund gelegen haben dürfte, die Einführung des Kultus solchen Liñga's in Indien direkt oder indirekt durch die Âryas für nicht unwahrscheinlich zu halten. Der Liñgaismus, als die Verehrung des Emblems der schöpferischen Zeugungskraft, hat ja so gar keinen Anhalt im Dienste der Abgeschiedenen und bösen Geister, der, wie der Augenschein noch heute lehrt, vor der Einmischung des Brahmanismus (besonders des Vedânta) nur

---

1) Nach Hiuen Thsang (c. 640 p. Chr.) gab es im nördlichen Indien bis herunter nach Malava die (übel beleumundeten, Lass. IV., 604. 629) Šaiva-brâhmaṇa Sekten der Pâmśupatas oder Pâśupatas (Anhänger des Pasupati) und Kâpâladhâris (Kâpâlakas), Lassen IV., 600 fll; die Śâktas existirten, nach der Legende, zu Šañkarâcârya's Zeit (Ende des 7ten Jahrhunderts) und wurden von ihm begünstigt; die Śâkta-tantra Schriften scheinen zum Theil schon vor den Purânas oder dem 9ten Jahrhundert verfasst worden zu sein (p. 607. 633. 634). Cf. Ziegb. p. 43. 44; Murdoch p. 73. 2) Lass. IV., 689.

eine abergläubische Furcht, höchstens eine Art Resignation, schuf; im Brahmanismus dagegen finden sich alle Voraussetzungen zur Entstehung desselben.

Das Resultat der obigen Zeilen ist nun, dass der Liñga-Kultus in Indien nicht von der einheimischen anârischen Bevölkerung ausgieng, sondern als etwas Neues von den Âryas über die Peninsula verbreitet wurde, nachdem sie ihn entweder selbst erfunden, oder von irgend welchen Fremdlingen entlehnt und ihrem Systeme einverleibt hatten, in welchem er wohl, so zu sagen, unter der Asche schon geglüht hatte.

Sollte es sich nun jemals als ein Faktum herausstellen, dass die Âryas in Indien nicht Urheber des Kultus in ihrem Lande seien, sondern ihn von Ausländern adoptirt hätten, so liesse sich denken, dass diese Ausländer die Yavanas oder Griechen gewesen seien, die ja in so vieler Beziehung einen Einfluss auf Indien ausübten[1]. Es ist eine allgemein bekannte Thatsache, dass sie seit Alexander d. Gr. bis etwa 85 a. Chr. über einen Theil des nordwestlichen Indien's herrschten, und ebenso dass sie den Phalluskult hatten. Über den frühzeitigen Einfluss der Griechen erlaube ich mir ein passendes Wort von Prof. A. Weber zu citiren[2]: "Was nun die Data über den griechischen Einfluss auf die Inder betrifft, so gehört hieher die Nachricht, dass Amitröchatæs, Amitraghâta, der Sohn des Čandragupta, von Antiochus einen redefertigen Sophisten kaufen wollte, d. i. von der griechischen Philosophie Kenntniss zu erlangen wünschte; der lange Aufenthalt des Megasthenes am Hofe des Čandragupta hatte also wohl die Frucht getragen, den Indiern Respect vor dieser, wie vor hellenischem Wesen überhaupt einzuflössen". Der Gedanke, die Griechen hätten den förmlichen Phallusdienst den ârischen Verwandten daselbst mitgetheilt, mag, ohne speciellen Anhalt dafür, auffallen, besonders noch, wenn man bedenkt, dass die Sache doch wohl mit dem Namen dafür mitgetheilt worden wäre, was unseres Wissens

1) Siehe z. B. Weber's Indische Skizzen p. 28. 84 ff. Burnell's Pahlavi Inscriptions p. 15. 2) Ind. Skizzen p. 84.

nicht der Fall ist[1]; immerhin aber giebt die einflussreiche Stellung der Griechen, zusammengehalten mit der vermuthlichen Zeit des ersten Auftretens des Liñga-Kultus in Indien (etwa zur Zeit des Endes ihrer Herrschaft daselbst oder doch nicht lange nachher), Anlass denselben zu erwägen. Unwahrscheinlich ist es ferner, dass den Indiern der griechische Kultus hätte nicht auffallen sollen.

Ausserdem liesse sich bei der Frage nach dem Einführen dieses Kultus in Indien vielleicht noch an die Indoskythen (Šakas) denken, welche der griechischen Herrschaft daselbt ein Ende machten, und (seit dem Anfang des 4ten Jahrhunderts in Verbindung mit den Hunnen oder Hûṇas) für etwa sechs Jahrhunderte einen grössern oder kleinern Theil des nordwestlichen Indiens inne hatten[2]; doch passt ihre gewöhnlich streng buddhistische und desshalb dem Brahmanismus opponirende Richtung durchaus nicht zur Sache, und der Verfasser dieses weiss zudem nicht, ob die Skythen (die Yueitchi der Chinesen) das Liñga verehrten[3]. Auch die Iranier könnten noch in Betracht gezogen werden, welche, zur Zeit der Skythen, den Sonnen oder Mitra-Dienst in ihrer Form nach Indien verpflanzten;— aber wozu weitere Theorien?

Die sogenannten Draviḍas, so bemerken wir noch, sind im Ganzen ein körperlich nicht unschönes und geistig nicht unbegabtes Volk; es ist sehr zu bedauern, dass sie je in die Fesseln des Kastensystems geriethen, welche ihre geistige Entwickelung und die Erlangung einer ihren Fähigkeiten würdigen Stellung im Allgemeinen noch wohl für lange hindern werden, wenn sie durch Annahme des Christenthums nicht in Bälde die Freiheit erlangen.

Mercara, 27. Mai 1875.

F. Kittel.

---

1) Man darf gewiss nicht an das Kannaḍa und Tĕlugu Wort bulla, membrum virile, denken. 2) Der Verfasser des Artikels in Ind. Ant. I., 372 glaubt, dass die Skythische Periode das Zeitalter der Cromlechs und Tumuli in Indien sei; es erhellt nicht, welche Skythen gemeint sind. 3) Nach Lassen IV., 804 erscheint Ŏgrŏ, d. i. Šiva's Name Ugra, auf Münzen der Turushka (Šaka) Könige.

P. S. Auf eine Anfrage erhielt ich folgende Zeilen von Dr. Burnell (22. Juni): "Meine Note über die Verehrung des Śiva (Sâmavidhâna Brâhmaṇa, Vol. I., p. XIII.) ist sehr kurz, und sagt bloss, dass der Šaiva Kultus nur durch das Sanscrit erklärt werden könne, und desshalb keinen südindischen Ursprung haben könne. Ich verwies auch auf die Šaiva Âgamas".—Zu p. 7 vergleiche Ind. Ant. IV., 168, wo gesagt ist, dass die alten Pâṇḍiya Könige vom jetzigen Madhurâ der Kaste der Mâravas (ob Maṟavas? vid. oben p. 41) angehört haben sollen.—Zu p. 18: Auch in der vormittelalterlichen jaina-kannaḍa Literatur wird Pulakeśi in Verbindung mit einem Pferdeopfer gesetzt, wie das folgende, freilich etwas dunkle Citat in Utpalamâlâ bei dem Gelehrten Nâgavarma (Kvyl. II., 2, 36) zeigt: "Als es hiess: 'Ja, das Kraft-Feuer (vikramavahni) bedeckte zuvörderst jenen Muni; ja, es entstand der Rauch der Handlung des Pferdeopfers; wie verhält es sich darnach mit dieser Regel, welche die Geburtsstätte des Rauches des Feuers (śikhidhûmayoni) heisst? Sageti', da schilderte der Fürst Pôlakeśi, zum Wohlgefallen des Erdkreises, das Verfahren des Kraft-Opfers (vikramayajña), und erlangte Berühmtheit".— Zu p. 22. Nach Ind. Ant. IV., 174 seq. (Inschrift von 266?) gab ein Valabhî König, welcher ein Mâheśvara war, um für seine Eltern und sich dadurch in diesem und dem zukünftigen Leben zu profitiren, ein Vermächtniss an Buddhistische Mönche eines Klosters, welches durch eine Verwandtin gestiftet worden war. In der Kannaḍa und Tĕlugu Literatur des Mittelalters bedeutet Mâheśvara einen Vîra Šaiva, oder speciell einen Liṅgâyta.—In Banavasi gab 1048 p. Chr., unter der Regierung des Čâvuṇḍa râya, ein Jaina Namens Keśavanandi einem Jaina Tempel in Baḷḷigâvĕ (20 engl. Meilen S. O. von Banavâsĕ) ein Vermächtniss. Von dem Könige selbst heisst es, dass auf seinen Befehl der Nâgavarma vibhu je einen Tempel für den Vishṇu, Îśvara und die Schaar (gaṇa) der Munis in seinem Lande erbauen liess. Ind. Ant. IV., 179 seq.; cf. 203 seq. Über die Inschriften im Karṇâṭaka wird dort, p. 176, bemerkt, dass die ältesten ungefähr vom Jahre 450 p. Chr. datiren.—Zu p. 25. Nach dem St. Petg. Lexicon kommt Vânaspatya im Râmâyaṇa, Uttarakâṇḍa, 23, 4, 44 als Beiwort Śiva's vor "vielleicht so viel als unter Bäumen—, im Walde lebend".—Zu p. 32. Nach Brown s. v. sâtâni sagt man in Tĕlugu 'jâtičĕḍḍavâḍu jaṅgamamu' d. i. einer der seine Kaste verloren hat (unter den Šaivas), ist ein Jaṅgama.—Zu p. 33. Kâyaka wird in liṅgâyta Werken erklärt durch sevâ, âcaraṇa und vrata.—Zu p. 36. Nach Ind. Ant. IV., 152 besteht die grosse Mehrzahl der mittleren und unteren Klassen im Tamil Lande aus Šaivas.

F. K.

www.ingramcontent.com/pod-product-compliance
Lightning Source LLC
Chambersburg PA
CBHW031818090426
42739CB00008B/1323
9783743412279